网络营销策略与方法

主编 刘 冰

北京邮电大学出版社
www.buptpress.com

内容简介

本书共 4 篇，分为 15 章，内容涵盖网络营销的基础理论、网络营销的策略策划以及网络营销的各种工具应用，便于读者系统了解掌握网络营销的全过程和实用方法。

本书内容通俗易懂，适合普通高等院校电子商务专业、市场营销专业及其他相关专业的教师和学生选用，同时也适合从事网络营销工作的人员及自学人员参考阅读。

图书在版编目（CIP）数据

网络营销策略与方法 / 刘冰主编 . -- 北京：北京邮电大学出版社，2019.8（2024.1 重印）
ISBN 978-7-5635-5864-3

Ⅰ. ①网⋯　Ⅱ. ①刘⋯　Ⅲ. ①网络营销—基本知识　Ⅳ. ①F713.365.2

中国版本图书馆 CIP 数据核字（2019）第 181582 号

书　　　名：	网络营销策略与方法
作　　　者：	刘　冰
责 任 编 辑：	刘春棠
出 版 发 行：	北京邮电大学出版社
社　　　址：	北京市海淀区西土城路 10 号（邮编：100876）
发　行　部：	电话：010-62282185　传真：010-62283578
E-mail：	publish@bupt.edu.cn
经　　　销：	各地新华书店
印　　　刷：	北京虎彩文化传播有限公司
开　　　本：	787 mm×1 092 mm　1/16
印　　　张：	13.5
字　　　数：	278 千字
版　　　次：	2019 年 8 月第 1 版　2024 年 1 月第 4 次印刷

ISBN 978-7-5635-5864-3　　　　　　　　　　　　　　　　　　　定　价：33.00 元
·如有印装质量问题，请与北京邮电大学出版社发行部联系·

前　言

随着互联网行业的迅猛发展,互联网公司中不同职位的界定越来越清晰。无论是政务还是商务,组织还是个人,对网络营销的需求越来越高,市场对网络营销人才的需求量也越来越大。

"网络营销"是一门实践性、创新性都很强的课程,如果墨守成规地介绍网络营销所关联的基础理论,学生的接受效果一定不好。作者在高校讲授"网络营销"课程近十年,并在企业有近三年的实战经历,积累了较为丰富的心得和经验。在撰写本书时,尽量贴合网络营销的实际需求,并将书中内容在教学实践中不断应用、反复修正,最终确定了比较适合高校学生学习的课程体系与教材内容。

网络营销所涉及的范围较广,所包含的内容不仅丰富,而且变化和发展很快,但归纳起来,对网络营销的学习主要体现在以下三个方面:

第一,及时了解和把握企业所处环境以及网络消费者特征和行为模式的变化,制定相应的网络营销策略,为企业网络营销的实施指明方向;

第二,依托网络,借助各种网络营销工具,开展适合企业发展的营销活动来实现企业目标;

第三,探索未来网络营销的发展方向及企业的商业模式。

所以,根据以上内容,本书主要划分为四篇:网络营销导论、网络营销策划、网络营销的工具与方法和互联网商业模式,从基础、战略、战术、展望四个方面系统地对网络营销的全过程及实用方法进行介绍。

本书不仅包含基础理论的介绍,也囊括了常用网络营销工具的使用方法以及热门的营销案例,还配备了实践作业,期待同学们在学习的过程中,不断提高自己的实践能力、团队合作能力、独立思考能力和创新能力,把自己培养成既有理论深度又有实践经验的多维网络营销人才。

本书语言平实,案例丰富,适合普通高等院校电子商务专业、市场营销专业及其他相关专业的教师和学生选用,同时也适合从事网络营销工作的人员参考借鉴。

由于作者水平有限,书中难免存在错漏之处,恳请读者提出宝贵意见。作者联系方式如下:liubingln@163.com。

本书为北京青年英才计划(项目编号:YETP1955)的项目成果之一,感谢北京市教委对青年教师的扶持。

作　者

目　　录

第1篇　网络营销导论

第1章　网络营销概述 … 3
1.1　互联网＋与互联网思维 … 3
1.1.1　互联网＋ … 4
1.1.2　互联网思维 … 4
1.2　网络营销介绍 … 6
1.2.1　网络营销的诞生与发展 … 6
1.2.2　网络营销的概念与特点 … 7
1.3　本书内容安排 … 8
思考题 … 9

第2篇　网络营销策划

第2章　网络营销基础理论与环境分析 … 13
2.1　网络营销基础理论 … 13
2.2　网络消费者行为理论 … 15
2.3　网络营销环境分析 … 15
2.3.1　网络营销宏观环境 … 15
2.3.2　网络营销微观环境 … 17
思考题 … 18
实践题 … 19

第3章 网络营销产品策略 ·················· 20

3.1 互联网产品与产品策略 ·················· 20
3.2 互联网产品层次策划 ·················· 22
3.3 互联网产品组合策略 ·················· 24
3.4 品牌策略 ·················· 28
3.4.1 品牌的表现形态 ·················· 28
3.4.2 品牌内涵 ·················· 31
3.4.3 品牌定位 ·················· 32
3.4.4 品牌传播 ·················· 36
思考题 ·················· 36
实践题 ·················· 36

第4章 网络营销价格策略 ·················· 38

4.1 网络营销价格的影响因素及特点 ·················· 38
4.2 网络营销定价目标 ·················· 40
4.3 网络营销的定价策略 ·················· 41
思考题 ·················· 44
实践题 ·················· 44

第5章 网络营销渠道策略 ·················· 45

5.1 网络营销渠道概述 ·················· 46
5.1.1 网络营销渠道的含义 ·················· 46
5.1.2 网络营销渠道的功能 ·················· 47
5.1.3 网络营销渠道的类型 ·················· 48
5.2 网络直销 ·················· 48
5.2.1 网络直销概述 ·················· 49
5.2.2 网络直销渠道建设 ·················· 51
5.3 网络间接销售 ·················· 52
5.3.1 网络中间商的类型 ·················· 52
5.3.2 选择网络中间商的标准 ·················· 53
5.4 网络营销渠道建设与管理 ·················· 54

思考题 ·········· 55
实践题 ·········· 56

第6章 网络促销策略 ·········· 57

6.1 网络促销概述 ·········· 57
6.1.1 网络促销的概念 ·········· 57
6.1.2 网络促销的作用 ·········· 58
6.2 网络促销的形式 ·········· 59
6.3 网络促销的实施 ·········· 62
思考题 ·········· 64
实践题 ·········· 64

第3篇 网络营销的工具与方法

第7章 网络广告 ·········· 69

7.1 网络广告概述 ·········· 69
7.2 网络广告的计费方式 ·········· 78
7.3 网络广告的产业链及投放流程 ·········· 78
7.3.1 网络广告的产业链 ·········· 78
7.3.2 网络广告的投放流程 ·········· 79
7.4 网络广告的效果评估 ·········· 81
7.4.1 经济类指标 ·········· 81
7.4.2 投放效果指标 ·········· 82
7.4.3 媒体评价指标 ·········· 83
7.4.4 受众接受程度指标 ·········· 83
思考题 ·········· 83
实践题 ·········· 84

第8章 搜索引擎营销 ·········· 85

8.1 搜索引擎概述 ·········· 86
8.1.1 搜索引擎的定义 ·········· 86

8.1.2 搜索引擎的工作原理 ………………………………………………… 86
8.1.3 搜索引擎的发展历程 ………………………………………………… 87
8.1.4 搜索引擎的选择 ……………………………………………………… 88
8.2 搜索引擎营销概述 …………………………………………………………… 89
8.2.1 搜索引擎营销的概念 ………………………………………………… 89
8.2.2 搜索引擎营销的主要方法 …………………………………………… 91
8.3 搜索引擎优化 ………………………………………………………………… 93
8.3.1 站内 SEO ……………………………………………………………… 93
8.3.2 站外 SEO ……………………………………………………………… 93
8.4 关键词挖掘与选择 …………………………………………………………… 94
8.4.1 关键词的挖掘 ………………………………………………………… 94
8.4.2 关键词的选择 ………………………………………………………… 97
思考题 ……………………………………………………………………………… 98
实践题 ……………………………………………………………………………… 99

第 9 章 许可 E-mail 营销 ……………………………………………………… 100

9.1 电子邮件概述 ………………………………………………………………… 100
9.1.1 电子邮件的概念及发展 ……………………………………………… 100
9.1.2 垃圾邮件 ……………………………………………………………… 101
9.1.3 邮件列表 ……………………………………………………………… 101
9.2 E-mail 营销概述 ……………………………………………………………… 102
9.2.1 E-mail 营销的起源 …………………………………………………… 102
9.2.2 E-mail 营销的定义及分类 …………………………………………… 102
9.2.3 开展 E-mail 营销的一般过程 ………………………………………… 104
9.3 许可 E-mail 营销的策略 …………………………………………………… 105
9.3.1 内部列表营销策略 …………………………………………………… 105
9.3.2 外部列表营销策略 …………………………………………………… 107
9.3.3 E-mail 营销技巧 ……………………………………………………… 108
9.4 E-mail 营销的效果评价及控制 …………………………………………… 109
思考题 ……………………………………………………………………………… 112
实践题 ……………………………………………………………………………… 112

第10章 SNS营销 ············ 113

10.1 SNS概述 ············ 113
10.2 弱关系平台营销 ············ 114
10.2.1 论坛营销 ············ 114
10.2.2 问答推广与网络知识营销 ············ 119
10.3 泛关系平台营销 ············ 121
10.3.1 SNS ············ 121
10.3.2 博客 ············ 124
10.3.3 微博 ············ 125
10.4 强关系平台营销 ············ 136
10.4.1 IM营销 ············ 136
10.4.2 微信营销 ············ 139
思考题 ············ 145
实践题 ············ 145

第11章 新媒体营销 ············ 146

11.1 新媒体概述 ············ 146
11.2 资讯类新媒体 ············ 147
11.2.1 资讯类新媒体的分类 ············ 148
11.2.2 资讯类客户端的运营模式 ············ 149
11.2.3 资讯类客户端的入驻与推广 ············ 150
11.3 网络视频营销 ············ 151
11.3.1 网络视频的发展 ············ 151
11.3.2 网络视频营销的条件 ············ 153
11.3.3 网络视频营销的形式 ············ 154
11.3.4 短视频 ············ 159
11.3.5 网络直播 ············ 160
11.4 网络游戏营销 ············ 161
11.4.1 网络游戏植入广告的定义 ············ 161
11.4.2 网络游戏植入广告的形式 ············ 161
11.4.3 网络游戏植入广告的投放原则 ············ 164

11.5 其他新媒体形式 ………………………………………………… 164
　　11.5.1 网络音频 ………………………………………………… 164
　　11.5.2 网络文学 ………………………………………………… 165
思考题 ……………………………………………………………………… 165
实践题 ……………………………………………………………………… 166

第 12 章 移动营销与全媒体营销 ………………………………………… 167

12.1 移动营销概述 ……………………………………………………… 167
12.2 移动营销模式 ……………………………………………………… 168
　　12.2.1 传统式移动营销 …………………………………………… 168
　　12.2.2 终端预装式营销 …………………………………………… 169
　　12.2.3 移动网站式营销 …………………………………………… 170
　　12.2.4 社交平台式营销 …………………………………………… 171
　　12.2.5 App 应用式营销 …………………………………………… 171
12.3 全媒体营销 ………………………………………………………… 176
思考题 ……………………………………………………………………… 176
实践题 ……………………………………………………………………… 176

第 13 章 事件营销与病毒营销 …………………………………………… 177

13.1 网络事件营销 ……………………………………………………… 177
　　13.1.1 事件营销概述 ……………………………………………… 177
　　13.1.2 网络事件营销的模式 ……………………………………… 179
13.2 病毒营销 …………………………………………………………… 181
　　13.2.1 病毒营销的定义 …………………………………………… 181
　　13.2.2 病毒营销的特点 …………………………………………… 182
13.3 其他营销方法 ……………………………………………………… 184
　　13.3.1 网络会员制营销 …………………………………………… 184
　　13.3.2 大数据营销 ………………………………………………… 185
思考题 ……………………………………………………………………… 186
实践题 ……………………………………………………………………… 186

第14章 自媒体与软文营销 187

14.1 自媒体 187
14.2 软文营销 188
  14.2.1 软文的概念 188
  14.2.2 软文营销的流程 188
  14.2.3 软文的撰写 191
实践题 193

第4篇 互联网商业模式

第15章 互联网商业模式 197

15.1 互联网生态 197
  15.1.1 生态圈 197
  15.1.2 生态链 198
15.2 社群经济 199
  15.2.1 社群 199
  15.2.2 社群经济 199
15.3 共享经济 200
思考题 201

参考文献 202

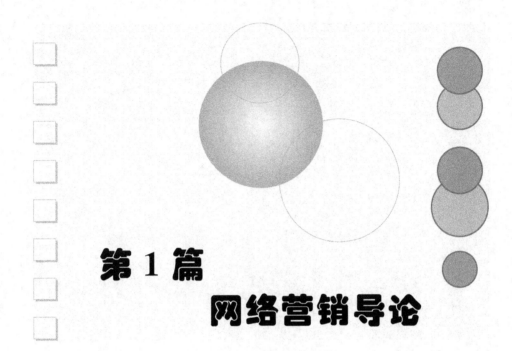

第1篇 网络营销导论

第1章
网络营销概述

1.1 互联网＋与互联网思维

1946年2月,世界上第一台电子计算机在美国宾夕法尼亚大学诞生,这是一个重30吨的庞然大物。1969年,美国国防部主导建立阿帕网(ARPAnet),斯坦福大学、加州大学洛杉矶分校、加州大学圣巴巴拉分校以及犹他大学的计算机首次连接起来,这标志着计算机网络的诞生。1982年,TCP/IP协议的最终规范被确定下来。1986年,美国国家科学基金会(NSF)资助建立了基于TCP/IP协议的主干网,这是第一个真正意义上的互联网,并迅速连接到世界各地。1987年9月14日,中国第一封电子邮件从中国发往德国,内容为"越过长城,走向世界"。1990年,万维网(World Wide Web)协议完成,互联网开始向社会大众普及。

现如今,互联网蓬勃发展,侵入一个又一个传统行业的地盘,在线教育、网上商城、互联网金融、网络媒体……在浩浩荡荡的互联网浪潮下,人们生活的方方面面正在被改变,传统的商业形态必然面临变革,要么主动转型,要么被动颠覆。大多数传统企业对电商的认识还不够深入,还停留在"是否要在天猫、京东上开店""如何做微信营销"这类问题的思索与纠结中。那么,如何理解目前传播得轰轰烈烈、如火如荼的"互联网＋""互联网思维"呢?

1.1.1 互联网＋

"互联网＋"最早在2012年由易观国际董事长于扬提出；2015年3月，腾讯公司董事会主席兼首席执行官马化腾在两会期间以《关于以"互联网＋"为驱动，推进我国经济社会创新发展的建议》为题，提出了制定"互联网＋"新生态国家战略的建议；2015年3月5日，李克强总理在政府工作报告中首次提出"互联网＋"行动计划，正式将"互联网＋"的概念在全社会普及开来。

具体来说，"互联网＋"是指利用互联网的平台、信息通信技术把互联网和包括传统行业在内的各行各业结合起来，从而在新领域创造一种新生态。

1.1.2 互联网思维

随着互联网技术的逐步发展，越来越多的商业形态受到互联网的冲击，当这种冲击不断加深、变革不断加剧的时候，互联网就不再仅仅是一种技术，而是逐渐演变成为一种思维范式，也就是各行各业都在探讨的"互联网思维"。

可究竟什么才是"互联网思维"呢？传统企业想转型，直接在淘宝、天猫、京东上开个店就是具备互联网思维了吗？不是！这仅仅是传统渠道的一个扩展，比如一家白酒企业会想到在商场售卖，在超市售卖，并拓展渠道，推广到酒店、饭店，同理，在京东、天猫上开店售卖，也只是多了一个渠道而已，依然是传统思维，而非互联网思维。那企业使用当下最流行的微信、微博、直播平台进行推广，传统行业开通公众号、做新媒体营销，总算是具备互联网思维了吧？依然不是，同上，这只是促销策略的延伸，只是又多了一种推广方式而已，仍然谈不上"互联网思维"。

学者、企业家们对互联网思维的讨论一直未停，提出了"互联网思维"应具备的几个特征，如"极致思维""用户思维""口碑思维""粉丝思维""流量思维""共享思维"等。那究竟什么是"互联网思维"呢？我们可以先看看互联网时代较为成功的两个案例。

【案例1】

喜茶——将"慢茶"做"快"

这家茶饮店最初发端于二三线城市，1992年出生的创始人聂云宸在5年时间内将其打造成茶饮店中的"网红"，这家神奇奶茶店的奥秘究竟何在？

2012年创办喜茶时，聂云宸只有21岁，最初的创业理念更接近他一直崇拜的乔布斯——提供给消费者最好的产品。在开店之前,他花了一年来调试产品,直到有一天觉得做出了大家喜欢的味道。"奶茶就是奶加茶",他最初的想法就是这么简单。循着单纯的思路,他不断找来鲜奶和茶叶进行调配,直到找到最合适的原料。"市面上的奶茶都有椰果等各种添加,但我始终认为这种非天然的东西不是消费者真正喜欢的,只是市场没有提供更好的东西而已。"奶茶行业惯用的香精或添加物,从未出现在他的配料中。

2012年推出了一款芝士加奶盖的产品,聂云宸的初衷是做一款方便用作宣传的产品。当时,他关注到微博上最容易传播的概念是芒果和芝士,但芒果跟奶盖调配在一起的口感和茶并不非常搭;而芝士跟奶盖搭配,不仅能提升奶盖的口味,与茶的融合也更有层次感。经过几个月时间调试后推出的芝士茶,至今仍是喜茶的招牌之一。

金凤茶王则是喜茶第一次尝试呈现茶的原味的成果。聂云宸根据顾客的需求和自己的想法联系了供应商,专门去生产定制茶。为了压低茶入口的苦涩,提高回香,聂云宸最终选了台湾南投的多款茶进行拼配,包括极品乌龙茶王,同时通过特殊熏烤进行工艺上的改良,再压低涩味。金凤茶王成了市面上独一无二的一款茶饮:透过醇厚的奶霜,初品闻,带有淡淡茶香,入口后,满口馥郁,舌尖有天然回甘,入喉回甘更持久,茶香余韵不断。

他每天去微博搜评价,尤其是差评,从中了解顾客喜好,不断修改配方。开业半年,小店外开始排队了,这更坚定了聂云宸提供最好产品的决心。

聂云宸将所有重心都放在产品上。但他也注意到,下雨天或大热天,30平方米的店面大小会带来明显的不舒适感。由此他意识到,喜茶的产品不仅仅是一杯茶饮,环境和体验也是重要的组成部分。坚持"一切以产品和顾客为核心"的喜茶,从2014年开始,将店面扩大到100多平方米,装修风格清新而别致,喜茶已然成了"对标星巴克"的茶饮连锁品牌。

在与上游厂商合作时,聂云宸坚持把"以合理价格提供好茶"的理念传达给供应商。平时卖到几千块钱一斤的茶叶,喜茶通过采购量、配方以及呈现方式,最终以一杯二十元左右价格的饮品呈现给顾客。"茶饮的年轻化并不等于廉价化或低档化。"聂云宸始终强调的就是产品品质。

从产品生产流程上,喜茶也做到了专业化和精细化。相比其他奶茶店的人员配备,喜茶的每家店都至少有10名员工来完成制作并售出一杯茶的服务,流程被分拆到足够细,细到有人专做铲冰块的动作,有人负责折叠稳定杯子的纸托……

在中国拥有几千年传统的茶,一直被看作慢文化的代表,而喜茶则把茶做成了快消品,以迎合年轻人。消费者正在改变,文化、创新、体验和情怀与价格同样重要。

(选自喜茶,VC/PE/MA金融圈公众号,2017-03-30,略有修改)

【案例 2】

360 的免费模式

当年,360进入杀毒软件领域时,别的杀毒软件都收费,360一进来就免费,迅速圈得大量用户。所有人都盯着360,看它怎么养活自己。360没有停留在只做杀毒软件上,而是拓宽了安全浏览器市场。360的免费杀毒给其带来了几亿用户,这是巨大的流量。这些用户要下载各种手机软件,有相当大比例也是用360浏览器,有了浏览器,就可以有搜索、导航,这就是广告的模式。很多人用浏览器玩游戏,360在浏览器里推介一些网游,向用户收费,这就是360的增值服务和商业模式。

在传统商业模式中或者日常生活中,人们会对免费的商业模式产生天然的免疫,但是对互联网的免费模式却是非常习惯的。360最开始做杀毒软件的时候,采用了免费的模式,给整个杀毒软件市场来了个大搅局。

从上述这两个例子中可以看出,互联网思维不是单一的某个思维,而是对整个商业生态的重新审视,这里引用赵大伟在《互联网思维——独孤九剑》中对"互联网思维"的定义:互联网思维是指在(移动)互联网、大数据、云计算等科技不断发展的背景下,对市场、对用户、对产品、对企业价值链乃至整个商业生态进行重新审视的思考方式。

1.2 网络营销介绍

互联网的飞速发展对网络营销的发展起到了推动作用。以互联网为主要手段的网络营销在企业经营活动中占据着越来越重要的地位。根据中国互联网络信息中心(CNNIC)的统计,截至2018年12月,我国网民规模达8.29亿,互联网普及率为59.6%,互联网模式不断创新。

1.2.1 网络营销的诞生与发展

现在各种网络广告和微信、微博等新媒体已经司空见惯,人们可以通过互联网看视频、读新闻、订酒店、叫外卖。可是,你想象过1995年前的互联网是什么状况吗?你知道那时的企业网络营销与当下有什么不同吗?让我们了解一下互联网营销早期的一些历史片断吧。

第1章 网络营销概述

早在1971年,美国BBN公司的工程师Tomlinson使用"@"分开用户名与主机名,发出了跨计算机的第一封电子邮件。但在互联网普及应用之前,电子邮件并没有被应用于营销领域。直到1993年,才出现基于互联网的搜索引擎。

1994年被公认为是网络营销发展的重要一年,因为在这一年的10月,网络广告诞生;在这一年,基于互联网的知名搜索引擎Yahoo!、Webcrawler、Infoseek、Lycos等也相继诞生。另外,在这一年,发生了"第一起利用互联网赚钱"的"律师事件",促使人们开始对E-mail营销进行深入思考,也直接促成了网络营销概念的形成。1994年4月12日,美国亚利桑那州两位从事移民签证咨询服务的律师Laurence Canter和Martha Siegel(两人为夫妻)把一封"绿卡抽奖"的广告信发到他们可以发现的每个新闻组,这在当时引起了轩然大波,他们的"邮件炸弹"让许多服务商的服务器处于瘫痪状态。

有趣的是,两位律师在1996年还合作写了一本书——《网络赚钱术》(How to Make a Fortune on the Internet Superhighway),书中介绍了他们的这次辉煌经历:通过互联网发布广告信息,只花费了20美元的上网通信费用就吸引来25 000个客户,赚了10万美元。他们认为,通过互联网进行E-mail营销是前所未有、几乎无须任何成本的营销方式。当然他们并没有考虑别人的感受,也没有计算别人因此而遭受的损失。此后很多年,一些垃圾邮件发送者还在声称通过定向收集的电子邮件地址开展"E-mail营销"可以让产品一夜之间家喻户晓,由此可见"律师事件"对于后来网络营销所产生的影响是多么深远。当然,现在的网络营销环境已经发生了很大变化,无论发送多少垃圾邮件,也无法产生任何神奇的效果了。

尽管这种未经许可的电子邮件与正规的网络营销思想相去甚远,但由于这次事件所产生的影响,人们才开始认真思考和研究网络营销的有关问题,网络营销的概念也逐渐开始形成。

1995年7月,全球最大的网上商店亚马逊(http://www.amazon.com)成立,企业网站数量和上网人数日益增加,各种网络营销方法也开始陆续出现。但2000年之前,网络营销的内容都很简单,进入21世纪之后,网络营销才进入爆发性发展阶段,许多企业开始尝试利用网络营销手段开拓市场。

1.2.2 网络营销的概念与特点

与许多新兴学科一样,"网络营销"目前不仅没有一个公认的、完善的定义,而且在不同时期、从不同角度对网络营销的认识也有一定的差异。

网络营销源于传统营销,依托互联网达到营销的目的。广义地说,凡是以互联网为主要手段进行的、为达到一定营销目的的营销活动,都可视为网络营销。

网络营销与传统营销一样是企业整体营销战略的一个组成部分,是为实现企业总体经营目标所进行的、以互联网为基本手段营造网上经营环境的各种活动。如微信里的信息流广告、App里的弹屏广告、天涯论坛里猝不及防的软文……都是网络营销。

与传统营销相比，网络营销有其自身的优势和劣势。

(1) 跨时空。通过互联网络，人们可以超越时间约束和空间限制进行信息交换与商品交换。企业有更多的时间在更大的空间中进行营销，可以每周7天，每天24小时随时随地向客户提供全球性的营销服务，以达到尽可能多地占有市场份额的目的。

(2) 经济性。网络营销使交易的双方能够通过互联网进行信息交换，可以减少印刷与邮递的成本，进行无店面销售而免交租金，既节约了水电与人工等销售成本，同时也减少了由于交易双方之间的多次交易带来的时间损耗。

(3) 便利性。网络营销的一个重要价值在于，可以使从生产者到消费者的价值交换更便利、更充分、更有效率。由于在线客服、第三方支付等工具的出现，信息传播、客户服务、货币支付、物流信息追踪等变得更高效、更便捷。

(4) 多媒体效果。参与交易的各方可以通过互联网络传输文字、声音、图像、动画和视频等多种媒体，甚至可以用动态程序传递信息，能够充分发挥营销人员的创造性和能动性。

(5) 服务优化。通过互联网络，企业可以和顾客随时进行双向互动式的沟通，可以收集有关商品的市场情报，可以进行产品的测试与消费者满意度的调查等；同时，这种互动是一对一的，可以提供更人性化、长期、良好的服务。

(6) 整合性。在互联网上开展的营销活动，可以完成从商品信息的发布到交易操作的完成和售后服务的全过程，这是一种贯通全程的营销渠道。另外，企业可以借助互联网将不同的传播营销活动进行统一的设计规划和协调实施，通过统一的传播途径向消费者传达信息，从而可以避免不同传播渠道中的不一致性而产生的消极影响。

(7) 其他。除以上提到的特征外，网络营销还具备高效性、技术性等特性。

当然，网络营销也存在一些劣势和风险，如价格透明，易引起价格战；存在用户感知风险等。

1.3　本书内容安排

网络营销所涉及的范围较广，所包含的内容不仅丰富，而且变化和发展很快，对网络营销的学习主要体现在以下三个方面：

第一，及时了解和把握企业所处环境以及网络消费者特征和行为模式的变化，制定相应的网络营销策略，为企业网络营销的实施指明方向；

第二，依托网络开展各种营销活动来实现企业目标；

第三,探索未来网络营销的发展方向及企业的商业模式。

综上,本书内容主要分为四篇:网络营销导论、网络营销策划、网络营销的工具和方法、互联网商业模式,从基础、战略、战术、展望四个方面对网络营销进行探索。

思考题

1. 谈谈你所理解的"互联网+""互联网思维",试举出1~2个实例来说明。
2. 什么是"网络营销"?试举出几个你认为较为成功的网络营销实例,并分析该实例成功的主要原因。
3. 除本书中列举的网络营销的特征,请讨论网络营销还有哪些与传统营销的不同之处。

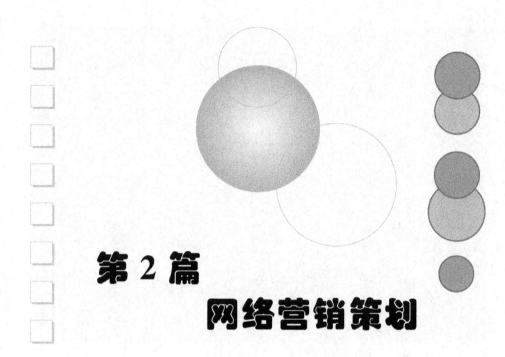

第2篇 网络营销策划

第 2 章
网络营销基础理论与环境分析

2.1 网络营销基础理论

　　网络营销的发展如火如荼,许多迎头而来的新问题尚在摸索答案。在此,有必要先回顾一下主要营销理论的演变:4P、4C、4R、4I、4V、4U、4E 等。

　　4P 营销组合理论即产品(Product)、价格(Price)、渠道(Place)、促销(Promotion),是美国密西根大学教授杰罗姆·麦卡锡(Jerome McCarthy)于 1960 年提出的。该理论是以企业为中心的,强调企业经营者进行营销必须从产品的设计、价格的制定、销售路径的选择以及传播与促销的整合加以实施。该理论奠定了时至今日仍旧适用于营销学及其实践的分析框架。但是,4P 营销组合理论忽视了把消费者的行为和态度变化作为思考市场营销战略的重点。

　　到了 20 世纪 90 年代,4P 营销组合理论受到挑战。1990 年,美国学者罗伯特·劳特朋(Robert Lauterborn)教授提出的 4C 营销理论,是以消费者为中心的营销思路,即消费者的需求与欲望(Consumer's needs and wants)、消费者愿意支付的成本(Cost)、消费者购买商品的便利性(Convenience)和从促销的单向信息传递到实现与消费者的双向交流与沟通(Communication)。4C 理论称为后来整合营销传播的核心。但是,该理论没能体现赢得与维护客户关系的营销思想。

2001年,美国营销学者艾略特·艾登伯格(Elliott Ettenberg)(另一说法为唐·舒尔茨(Don E. Schultz))提出了4R营销理论,4R即关系(Relationship),指与消费者建立长期而稳固的关系;节省(Retrenchment),指让产品或服务容易获得、便于使用,为消费者节省时间和精力;关联(Relevancy),指为消费者提供专家服务、量身定做的服务;回报(Rewards),指企业满足客户需求,为客户提供价值。该理论以关系营销为核心,强调建立顾客忠诚。但是4R的关系营销属于粗放型,远未达到"一对一"的精细化程度。

网络时代,传统的营销理论难以适用,网络整合营销的4I原则应运而生,4I即趣味(Interesting),指营销须是娱乐化、趣味性的;利益(Interests),指营销活动能为目标受众提供利益;互动(Interaction),指营销活动要由消费者体验、参与和创造;个性(Individuality),指个性化营销彰显专属与个性,使一对一营销成为可能。互联网一代可能是微博高手、朋友圈达人、知乎大拿,他们习惯用嘀嘀叫车,用支付宝钱包付账,用美团叫外卖,熟悉并创造各种网络语言与视频,刺激他们消费的首要驱动力是参与、是体验、是娱乐。

除此之外,有中国学者提出4V、4U、4E等营销模式。4V营销策略是指同时运用差异化(Variation)、功能化(Versatility)、附加价值(Value)、共鸣(Vibration)的营销理论。差异化策略强调企业要实施差异化营销,一方面使自己与竞争对手区别开来,树立自己的独特形象;另一方面也使消费者相互区别,满足消费者个性化的需求。功能化策略要求产品或服务有更大的柔性,能够针对消费者具体需求进行组合,提供不同功能系列的产品满足不同顾客的消费习惯。附加价值策略是指提供高附加价值的产品和服务,更加重视产品或服务中的无形要素,通过品牌、文化等来满足消费者的情感需求。共鸣策略是企业持续占领市场并保持竞争力的价值创新给消费者或顾客所带来的"价值最大化",以及由此所带来的企业的"利润极大化",强调的是将企业的创新能力与消费者所珍视的价值联系起来,通过为消费者提供价值创新使其获得最大程度的满足。

4U营销模式即价值(Value),指通过创新赋予价值,通过体验确认价值,通过分享传递价值;口碑(Word of Mouth),指通过用户体验与信任激发口碑;信任(Trust),指基于信任的分享圈子,使分享成为销售;顾客(Customer),指基于顾客持续体验和分享的大数据,为顾客提供更好的服务。

4E营销策略即体验(Experience),互联网时代,"体验"成为取悦消费者的最新名词,乔布斯的理念非常简单,就是追求消费者的极度体验,是完全的消费者导向;花费(Expense),"花费"不仅是传统意义上的金钱支出,也代表了用户的时间支出,在信息泛滥的网络平台上,消费者可选择、可关注的商品和服务多如牛毛,能否吸引并留住消费者、占据消费者有限的时间成为企业竞争成败的根本因素;电铺(E-shop),指基于互联网及相关技术搭建的销售平台或渠道,互联网时代,任何人都可以成为卖家,只要有电铺和物流即可实现销售;展现(Exhibition),互联网时代,企业需要整合各方资源,包括传统媒体、网络媒体、移动媒体等来制定传播战略,快速传播、精确送达并有效展现。

4I、4V、4U、4E 是基于互联网商业语境梳理出的全新的营销要素表达,既符合互联网环境下的大多数的营销规则,也能为企业提供检视自身商业运营的模型框架,使得企业可以据此制定新的战略方案、营销战略和策略组合。

综上所述,随着时代逐渐从传统时期发展到互联网时期再到移动互联网时期,虽然各种关注消费者和强调沟通的营销理论尝试颠覆杰罗姆·麦卡锡的 4P 营销理论,但都只是从强调的角度不同来重新定义,无法否定 4P 要素仍然是市场营销的本质。4P 营销理论仍然具有生命力,它为市场营销的策划和整合提供了一个基本的分析框架,在此基础上,根据时代的发展,可以为 4P 赋予新的内涵,发展出新的营销理念。

2.2 网络消费者行为理论

由于传统的市场是单向的,缺乏互动与沟通,因而传统的消费者行为模式的形成也具备单向的特点。传统的消费者行为模式简称为 AIDMA,它认为消费者在整个购买过程中的行为可以划分为五个阶段,分别为:引起关注(Attention)、激发兴趣(Interest)、产生欲望(Desire)、留下记忆(Memory)、实现购买(Action)。

然而,随着网络的飞速发展,网络购物环境的演变为消费者的购物行为提供了极大的便利,由此网络消费者的行为模式也发生了新的变化。在网络环境下,消费者的行为模式已逐渐演变为 AISAS 模式,即引起关注(Attention)、激发兴趣(Interest)、自主搜索(Search)、购买行为(Action)、分享体验(Share)。

网络消费者行为模式的改变主要在于自主搜索和分享体验两个环节,这两个环节的出现指出了互联网时代下搜索(Search)和分享(Share)的重要性,不能再一味地向用户进行单向的理念灌输,充分体现了口碑的重要性,也体现了互联网对于人们生活方式和消费行为的影响与改变。

2.3 网络营销环境分析

网络营销环境是指影响企业网络经营活动且不受企业控制的各种因素,具有客观性、相关性、多变性、差异性等特点。

2.3.1 网络营销宏观环境

宏观环境是指一个国家或地区的政治、法律、人口、经济、社会文化、科学技术等影响企业进行网络营销活动的宏观条件。宏观环境对企业短期的利益可能影响不大,但对企业长期的发展具有很大的影响。所以,企业一定要重视宏观环境的分析研究。宏观环境主要包括以下六个方面的因素。

(1) 政治法律环境

政治法律环境包括政治环境和法律环境。国家政治体制、政治的稳定性、国际关系、法制体系等都会直接或间接地影响经济和市场,一是起到保障作用,二是规范作用。相关的政策与法律主要对产品标准、服务标准、经营实践、包装、广告等有重要影响,必须严格依法执行。

在网络营销活动中,企业相应的营销策略要遵守目标市场东道国的相关法律法规的规范;要服从国家有关发展战略与政策的要求;要积极利用国家政策给网络营销带来的机会,尽量争取对企业、对社会、对消费者都有利的法律、法规和政策出台;要积极运用国家法律法规武器,保护自己在网络营销活动中的合法权益。

(2) 经济环境

经济环境是内部分类最多、具体因素最多,并对市场具有广泛和直接影响的环境内容。经济环境不仅包括经济体制、经济增长、经济周期与发展阶段以及经济政策体系等方面的内容,同时也包括通货膨胀、市场价格、利率、汇率、收入水平、税收及就业率等经济参数和政府调节取向等内容。这些因素对消费者购买力和消费模式都会产生直接的影响。

(3) 社会文化环境

社会文化环境是由人们的态度、兴趣、价值观、习惯、信念标准、生活方式、审美观等组成的,它对人们对产品和服务的喜好起着十分重要的作用。科特勒认为社会文化价值影响着人们生活的各个方面,决定人们的看法,营销企业必须重视社会文化环境的研究。

(4) 科技环境

科技环境是指与本企业有关的科学技术现有水平、发展趋势和发展速度,以及国家科技体制、科技政策等,如科技研究的领域、科技成果的门类分布及先进程度、科技研究与开发的实力等。在知识经济兴起和科技迅速发展的情况下,科技环境对企业的影响可能是创造性的,也可能是破坏性的,企业必须预见这些新技术带来的变化,采取相应的措施予以应对。

(5) 自然环境

自然环境是指能够影响社会生产过程的各种自然因素。自然环境对企业经营的影响主要表现为:自然资源日益短缺、能源成本提高、环境污染日益严重、政府对自然资源管理的干预不断加强、气候变化趋势、地理环境特点等,所有这些都直接或间接地给企业的生产经营带来威胁或机会。例如,面对资源短缺,企业应重点发展节约能源、降低原材料消耗的产品,加强"三废"的综合利用,大力发展人工合成材料,使产品轻型化、小型化、多功能化。

(6) 人口环境

人是企业营销活动的直接和最终对象,市场是由消费者来构成的。所以,在其他条件固定或相同的情况下,人口的规模决定着市场容量和潜力;人口结构影响着消费结构和产品构成;人口组成的家庭、家庭类型及其变化,对消费品市场有明显的影响。例如,上网人口的数量及其增长速度决定网上市场的规模;上网用户结构决定或影响着网上营销产品及服务的需求结构,如性别结构、年龄结构、家庭结构、学历结构、行业结构、地理分布等。

2.3.2 网络营销微观环境

微观环境由企业及其周围的活动者组成,直接影响企业为顾客服务的能力。它包括企业内部环境、供应者、营销中介、消费者、竞争者等因素。

(1) 企业内部环境

企业内部环境包括企业对发展战略的重视程度、所需资源的保障能力及企业组织结构等。企业组织结构快速应变能力是网络营销的保障;人力资源是网络营销的必要条件;企业内部管理信息化、网络化是网络营销的基础。

(2) 供应者

供应者是指向企业及其竞争者提供生产经营所需原料、部件、能源、资金等生产资源的公司或个人。企业与供应者之间既有合作又有竞争,这种关系既受宏观环境影响,又制约着企业的营销活动,供应者对企业的营销业务有实质性的影响。供应商供货质量、服务水平、供应价格、准时性、信用度以及对供应商的依赖程度等都是重点分析内容。

(3) 营销中介

互联网的快速发展给传统营销体系带来巨大的冲击,各种网络营销中介机构也应运而生,主要包括销售商品的企业,如批发商、零售商、代理商、经销商等,还有各类服务商,如金融机构、物流公司、仓库等,以及各种营销平台和营销咨询企业等。所以,在微观环境分析时,与供应商分析类似,也要考虑企业是否会借助营销中介,并分析营销中介的质量、服务水平、可靠性、信用度以及企业对营销中介的依赖程度等。

(4) 消费者

对消费者分析的目的是如何通过因特网发现顾客、吸引顾客、满足顾客需求、留住顾客并与顾客建立稳固的联系。从网民的结构、网络消费者群体特征、网络消费者需求特征等入手对目标消费者的行为进行分析,同时对影响目标消费者购买的主要因素以及目标消费者的购买决策过程进行比较全面的分析。

洞察消费者需求可以通过以下四种方法。

① 用户访谈。用户访谈是最常用的方法，主要形式是和用户进行一对一或一对多的直接沟通，最好是采用面对面的方式。如果条件不允许，可以通过电话、邮件、QQ、微信等方式进行，获取用户的需求。

② 问卷调查。设计好问卷后，可以通过传统及网络渠道向目标消费者发放问卷，并回收问卷，统计用户反馈，量化数据的方式获取用户需求。

③ 使用测试。邀请用户实际使用产品，在用户使用产品的过程中发现用户遇到的问题，从用户实际产品使用行为来分析用户需求。

④ 行为数据分析。用户在互联网上的行为都能被记录，如果在产品中植入统计代码，就能获得用户的实际使用数据。通过数据直观地分析用户需求，这是一种非常科学的方法。

（5）竞争者

竞争是商品经济活动的必然规律。在竞争分析中，首先要识别竞争者，识别竞争对手的策略，判断竞争者目标；其次要评估竞争者的优势和劣势，判断竞争者的反应等；最后要熟悉网络市场竞争新特点。

在开展网络营销的过程中，不可避免地要遇到业务与自己相同或相近的竞争对手，研究对手，取长补短，是克敌制胜的好方法。例如，暴风影音发现了本地播放器领先者 RealPlayer 和 Media Player 的致命弱点是不兼容；唱吧发现了 K 歌达人只能满足用户唱歌的需求，却不能满足用户分享的需求。

此外，除对竞争者的分析，还要考虑对潜在进入者的分析。即使新产品在市场上具有领先优势，但是在产品决策时，也一定要考虑是否有潜在的进入者，尤其要提防具有相同能力和体量更大的公司进入。当年博客中国最早做了博客产品，火爆了半年，但是很快被同是媒体属性的新浪博客打败，新浪就是潜在的进入者。2012 年网络视频市场排名第一的优酷和排名第二的土豆突然合并，就是为了抵御潜在的进入者——腾讯、百度和阿里的网络视频发展；2015 年排名前两名的打车软件滴滴和快的合并，也是为了抵御 Uber 这个潜在的进入者。

思考题

1. 试比较文中这些网络营销理论的异同。你认为哪个理论更适用于网络营销策划？请详细说明理由。

2. 你认为网络消费者与传统消费者的消费行为是否存在差异性？如果存在请举例说明有哪些差异点，如果不存在请说明理由。

3. 你知道哪些环境分析的工具和方法？

4．选择1~2个案例，并就这些案例从网络营销相关理论角度进行分析。

5．搜索数据和资料，比较国内主要的几个大型B2C网站的竞争格局，以及它们各自的竞争优势及劣势。

 实践题

1．成立项目小组，组员人数不超过5人。小组成员协商，选择一款产品，要求如下。

（1）该产品可以是实体产品，也可以是虚体产品，如服务、设计、软件、网站、App应用等，请对该产品进行简单的描述。

（2）该产品必须有创新点，即不能与现有产品完全相同，要为该产品找到缝隙市场，请描述该产品的创新点。

（3）该产品最好能解决实际痛点问题，请分析该产品方案的可行性及产品目标市场。

2．针对该产品进行环境分析。

（1）宏观环境分析。

包括政治环境、经济环境、技术环境、社会文化环境、人口环境、自然环境分析。

（2）微观环境分析。

- 目标消费者分析：要求包括目标消费人群描述，该人群的消费特征，该人群对此类产品的需求特征分析等。
- 竞争对手分析：首先对大的市场竞争环境分析；然后至少列出两个竞争对手，并分析其优劣势。
- 企业内部环境分析：分析企业的优势、劣势、机遇与威胁。
- 其他分析：如供应商分析、营销中介分析、潜在进入者分析等。

第3章
网络营销产品策略

3.1 互联网产品与产品策略

1. 互联网产品的概念

市场营销学所讲述的产品概念是指商品交换活动中,企业为消费者提供的、能满足消费者需求的、所有有形或无形因素的总和。相应的,互联网产品就是指网络营销活动中,消费者所期望的、能满足自己需求的、所有有形实物和无形服务的总称。

2. 互联网产品的分类

互联网产品分为实体和虚体两大类,主要是根据产品的形态来区分。实体产品是指具有物理形状的物质产品,如服装、食品等。在网络上销售实体产品的过程与传统的购物方式有所不同,在这里已没有传统的面对面的买卖方式,网络上的交互式交流成为买卖双方交流的主要形式。

虚体产品与实体产品的本质区别是虚体产品一般是无形的,即使表现出一定形态也是通过其载体体现出来,而产品本身的性质和性能必须通过其他方式才能表现出来。在网络上销售的虚体产品可以分为两大类:软件和服务。

软件包括计算机系统软件和应用软件以及数字化的资讯与媒体商品,如电子报纸、电子杂志等,是非常适合通过互联网营销的。线上软件销售商常常可以提供一段时间的试用期,允许用户尝试使用并提出意见,好的软件很快能够吸引顾客,使他们爱不释手并为此慷慨解囊;但同时,软件销售也存在风险,比如盗版现象屡禁不止,计算机专家一直在寻找解决的办法,如对软件的加密;立法机构也在不断地推出各类保护措施。

可以通过互联网提供的在线服务大致可分为三类。第一类是情报服务,如股市行情分析、金融咨询、电子新闻、电子报刊、资料库检索等;第二类是互动式服务,如网络交友、电脑游戏、远程医疗、法律救助等;第三类是网络预约服务,如火车票预订、入场券预定、饭店旅游服务预约、医院预约挂号等。通过网络这种媒介,顾客能够尽快地得到所需要的服务,免除恼人的排队等候的时间成本。同时,消费者利用浏览软件,能够得到更多更快的信息,提高传递过程中的效率,增强促销的效果。

3. 网络营销产品策略

网络营销产品策略就是通过市场调研,找到现有的或者研发出新的网络适销实物产品和信息产品,并围绕它们实施网络营销策略组合的全过程。

思考: **有不适宜网络销售的产品吗?**

珠宝?家具?生鲜?汽车?这些商品归纳起来就是易腐烂的物品、贵重物品及大件商品。

(1)易腐烂的物品。随意选择搜索引擎,输入"生鲜电商",可以发现多个目前仍在活跃的生鲜电商(如图 3-1 所示),冷链物流的发展已经大大解决了生鲜电商最重要的问题——运输。

图 3-1 生鲜电商品牌

(2)贵重商品及大件商品。汽车之家网在 2015 年的双 11 交易额即已超 52 亿元,消费者线上支付、线下 4S 店取车。这说明 O2O 模式的出现解决了信任问题,物流的快速发展解决了大件商品的运输问题。

3.2 互联网产品层次策划

网络营销产品层次是指从满足客户需要的角度对产品所提供的服务进行的划分,可以划分为核心产品层、有形产品层、期望产品层、延伸产品层及潜在产品层,如图3-2所示。

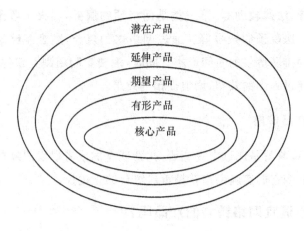

图3-2 互联网产品层次

1. 核心产品层

核心产品层,也称核心利益层,是指产品能够提供给消费者的基本效用或益处,是消费者真正想要购买的基本效用或益处。营销学有句著名的话:"顾客购买的不是钻头,而是墙上的洞"。这个墙上的洞即是顾客在购买钻头时所需要的基本效用或益处。通俗地说,消费者要买的不是某个产品,而是需要通过这个产品来达到某种目的,或者完成某个任务。同理,顾客购买化妆品不是为了瓶子,而是为了美,为了让肤色更漂亮。

2. 有形产品层

有形产品层是核心利益或服务的物质载体,是产品在市场上出现时的具体物质形态,对于实物产品,它主要由产品的品质、材质、特征、式样、商标、包装等因素构成;对于服务产品,则由服务的程序、服务人员、地点、时间、品牌等构成,服务的程序可以以网站、App等形式呈现。

3. 期望产品层

期望产品层也称个性利益层,不同消费者对同种产品所期望的核心效用或利益一般是相同的,但除核心利益外,不同消费者对产品所期望的其他效用又会表现出很强的个性化。同时,不同细分市场或不同个体消费者所追求的产品利益又是富有个性的。在网络营销中,顾客处于主导地位,消费呈现出个性化的特征,不同的消费者可能对产品的要求不一样,因此产品的设计和开发必须满足顾客这种个性化的消费需求。例如,海尔集团提出"您来设计我实现"的口号,消费者可以向海尔集团提出自己的个性需求,如性能、款式、色彩、大小等,海尔集团可以根据消费者的特殊需求来进行产品设计和生产。消费者提出要求,企业辅助消费者来设计产品,满足消费者个性需求的新时代正在来临。

4. 延伸产品层

延伸产品层也称附加利益层,这一层产品的内容是为了满足消费者因获得前三个层次的产品利益而派生出的延伸性需求,同时也是为了帮助用户更好地使用核心利益和服务。它通常包括售后服务、保证、优惠、信贷、赠品等内容。在网络营销中,对于物质产品来说,延伸产品层主要提供满意的售后服务、送货、质量保证等;对于无形产品,如音乐、软件等,其延伸利益的重点是质量保证、技术保证以及一些优惠政策等。

5. 潜在产品层

潜在产品层是在延伸产品层之外,由企业提供能满足消费者潜在需求的产品层次,它主要是产品的一种增值服务。它与延伸产品层的主要区别是,即使顾客没有得到产品的潜在利益层,仍然可以很好地满足其现实需求,但得到潜在利益层,消费者的潜在需求会得到满足,消费者对产品的偏好程度与忠诚程度会大大强化。在商品同质化程度越来越高的时代,潜在产品层就越来越重要。

【案例1】

三只松鼠——把产品做到极致

2012年2月,在安徽芜湖国家高新区,人称"松鼠老爹"的章燎原注册了三只松鼠品牌。同年6月19日,三只松鼠在天猫商城正式运营上线。上线第65天,三只松鼠的销售额在天猫坚果行业跃居第一名。同年11月11日,第一次参加双十一大促,交出日销售766万的成绩单,名列全网食品类电商当日销售收入第一。2016年三只松鼠年销售额突破50亿元。那么是什么让这个品牌深入人心的呢?

三只松鼠定位于"森林系",倡导"慢食快活"的生活方式。取料原产地,信奉 Origin 原则,即非原产地不选,非好营养不选,非好口感不选。松鼠家根据产品属性在出厂前或 0 度保鲜,或 26 度恒温保鲜,并坚持三道检验:原料检验,过程品控,出厂检验。

三只松鼠的包装外箱是自己品牌的松鼠头像包装箱,有个可爱的名字——鼠小箱。外包装箱的设计简洁大方,突出三只松鼠的"松鼠"设计元素。箱上贴着一个给快递员的便条,以提醒快递员轻拿轻放,爱护箱子。这个设计既人性化,又创意无比,给消费者一种非常受重视的感觉。除此之外,外箱还有一个塑料开箱器,叫"鼠小器",贴附在外箱的一角,用来划开箱子外面的透明胶带,避免了用钥匙、圆珠笔等开箱的不便和尴尬。这些细节在外包装箱设计上做得淋漓尽致。

礼包专用外箱有专业的包装设计,把生产日期、产品成分等直观地展现在包装侧面,正面是三只松鼠的图案。坚果的包装根据不同口味,会有不同的设计,基本元素都是松鼠大头。更贴心的是双层食品包装设计,外包是防水牛皮纸,内包是真空铝塑袋子。每一包内附一个口袋夹"鼠小夹",针对不同品类的坚果还赠送开壳工具。人性化的包装设计,可谓是想客户所想,细节做到极致。

除此之外,还有湿巾、垃圾袋、回执卡和卖萌感谢信,让消费者觉得既有爱又温暖。感谢信的称呼是"主人",好玩、有趣又童真。

至此,已经让消费者体验到这个品牌的用心和专业。像三只松鼠这样,把细节做到位,把消费者体验放在第一位,站在客户角度思考,才会受大众喜爱!

【思考】请使用产品层次理论对三只松鼠的五个产品层次进行分析。

3.3 互联网产品组合策略

再好的产品也会进入衰退期、淘汰期,企业在尽量延长产品生命周期的同时,也要做好产品组合策略,不致因为单一产品淘汰而陷入运营困境。

1. 产品组合的概念

产品组合(服务性企业也称业务组合),即企业的业务范围与结构,实践中也叫企业产品结构。它是指网络营销企业向网上目标市场所提供的全部产品或业务的组合或搭配。产品组合中的全部产品可以分成若干条产品线,每条产品线中又包括多个产品项目。产品线,指产品组合中所有产品根据某一分类标准划分成的产品大类。产品项目,指每一产品大类中所包括的每一种产品。产品组合如图 3-3 所示。

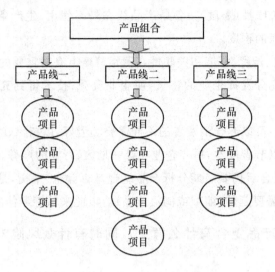

图 3-3 产品组合示意图

以海尔商城为例,该网上商城共有 10 条产品线,每条产品线有不同的产品项目,具体如表 3-1 所示。

表 3-1 海尔商城产品组合示例

产品线(10)	产品项目	项目数
1. 居室家电	冰箱、波轮洗衣机、滚筒洗衣机、家用空调、冷柜	5
2. 厨卫家电	电热水器、微波炉、抽油烟机、燃气灶、洗碗机、干燥消毒柜、燃气热水器	7
3. 小家电	吸尘器	1
4. 视听产品	彩电、DVD、HVD	3
5. 数码产品	手表 MP3、手表 U 盘、移动 DVD、VBOOK	4
6. 通信产品	手机	1
7. 计算机	台式机、笔记本	2
8. 商用电器	商用空调、冷冻冷藏设备	2
9. 家用	整体厨房、整体卫浴	2
10. 其他	药业	1

2. 产品组合决策

产品组合决策就是企业根据市场需求、竞争形势和企业自身能力对产品组合的宽度、长度、深度和关联性方面做出的决策。

- 产品组合的深度 = 一条产品线项目数。
- 产品组合的长度 = 所有产品项目总数。

- 产品组合的宽(广)度=生产线的条数。
- 产品组合的关联性(黏度)=各条产品线在最终使用、生产条件、分销渠道或其他方面相互关联的程度。

产品组合的宽度、长度、深度和关联性在营销策略上有着重要的意义。

(1) 宽度：可以充分发挥企业的特长，使企业资源、技术得到充分利用，提高经营效益，还可以减少风险。

(2) 长度和深度：可以迎合消费者的不同需要和爱好，以招徕、吸引更多顾客。

(3) 关联性：可以节省成本，提高企业在某一地区、行业的声誉。

企业确定产品组合后仍要定期分析产品组合是否健全、平衡，是否需要增加、修改或剔除产品项目，是否需要延伸、缩减或淘汰产品线，以此来保持最佳的产品组合。

思考： 扩充产品组合有什么意义？同时有什么风险？

(1) 意义

对于新产品来说，可以降低消费者的认知风险，减少新产品的营销成本，促进分销商的积极性，满足消费者的多样化需求；而对原有产品可以扩展产品范围，提升品牌形象，保持品牌活力，吸引新的消费者群体，提高产品的市场占有率，扩大经营规模，提高经济效益，分散市场风险。

(2) 风险

可能会导致消费者认知混乱；如果延伸出的产品不理想，会损害品牌形象；品牌产品过多，易稀释品牌个性，也可能会挤占原产品市场份额产生跷跷板效应，使原有销售渠道变得拥挤。

3. 产品组合决策工具

(1) 销售额及利润比较

判断产品组合决策是否合理最直接的方法是比较每条产品线的每个产品项目的销售额和利润，销售额和利润长期低迷的产品项目或产品线应该考虑是否要淘汰。

(2) 波士顿矩阵模型

波士顿矩阵又称市场增长率-相对市场占有率矩阵、四象限分析法等，是美国著名的管理学家、波士顿咨询公司创始人布鲁斯·亨德森于20世纪70年代初首创的一种分析和规划企业产品组合的方法。该矩阵认为市场引力与企业实力是决定产品结构的基本因素，市场引力指标主要包括利润高低、竞争对手强弱、目标市场容量和销售增长率四个方面，其中销售增长率是市场引力最主要的综合指标，它是决定企业产品结构是否合理的首要外因。企业实力主要包括技术、资金、设备和相对市场占有率四个指标。其中相对市场占有率是决定企业产品结构的首要内因，是企业竞争实力的综合体现。销售增长率和相对市场占有率既相互影响,又互为条件。以销售增长率和相对市场占有率两个指标进行考察就构成了波士顿矩阵。

根据"销售增长率"和"相对市场占有率"这两个指标,可以把企业所经营的产品组合分为四种类型,即图 3-4 所示的"明星产品群""山猫产品群""金牛产品群"和"瘦狗产品群"。

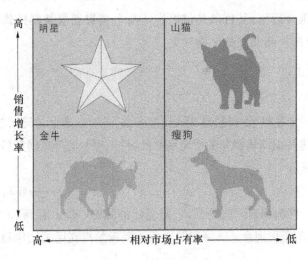

图 3-4　波士顿矩阵模型

明星产品:高市场份额、高增长率,该产品处于产品生命周期中的发展期,为公司重点投资产品。

金牛产品:销售增长率较低,但是拥有较高的市场占有率,处于产品生命周期中的成熟期,应努力保持和延长金牛产品的生命周期。

山猫产品:市场占有率低,但是拥有较高的销售增长率,说明该产品处于产品生命周期中的导入期或发展期。如果市场和销售策略得当,山猫产品很有可能转换为明星产品或金牛产品;反之,也有可能转换为瘦狗产品,所以对山猫产品在扶持的同时应关注到它的风险。

瘦狗产品:该产品不但市场占有率低,而且增长缓慢或停滞,处于产品生命周期中的衰退期,几乎无任何盈利能力。对于这类产品要么进行升级换代,使其成为新产品,重新打入市场;要么减产或停产,直至放弃。

(3) 其他方法

除以上两种经典方法外,还有通用电器矩阵(GE Matrix)、霍福尔矩阵(Hofer Matrix)和三维分析图法等,这些产品组合决策模型分别有其适用性和局限性,因篇幅有限,请同学们根据需要自行学习。

3.4 品牌策略

美国市场营销协会对品牌的定义是:"品牌(Brand)是一种名称、属性、标记、符号或设计,或是它们的组合运用,其目的是借以辨认某个销售者或某群销售者的产品或服务,并使之同竞争对手的产品和服务区别开来。"

> **名家名说**
>
> 品牌是一个名称、专有名词、标记、符号或设计,或是上述元素的组合,用于识别一个销售商或销售群体的商品与服务,并且使他们与其他竞争者的商品与服务区分开来。
>
> ——菲利普·科特勒
>
> 品牌是一种错综复杂的象征,它是品牌的属性、名称、包装、价格、历史、声誉、广告风格的无形组合。品牌同时也因消费者对其使用的印象及自身的经验而有所界定。
>
> ——广告教父大卫·奥格威

从以上的描述可知,品牌不只是一个名字、一个符号,而是各种元素的组合。品牌包含四个层次:第一层次,品牌的表现形态;第二层次,品牌的内涵;第三层次,品牌的定位;第四层次,品牌的信息传播。其中,品牌定位可以在品牌表现形态与品牌内涵之前确定,也可以在挖掘了品牌的内涵之后再确定。

3.4.1 品牌的表现形态

品牌的表现形态是品牌视觉识别系统与听觉识别系统的统一体,其中品牌命名、logo等视觉形象、声音标识占有极重要的地位。企业通过品牌形象体系设计,对内可以获得员工的认同感、归属感,加强企业凝聚力,对外可以树立企业的整体形象,有目的地将企业的信息传达给受众,通过视觉和听觉符码,全方位地强化信息传达,从而获得受众认同。

(1) 品牌命名

品牌命名是创立品牌的第一步。对于一个企业,品牌名称一经登记注册,就拥有了对该名称的独家使用权。一个好的品牌名字是一个企业、一款产品拥有的一笔永久性的财富。一个好的品牌名字应具备至少两个特征：易于记忆、易于传播。易于理解并易于发音和拼写的品牌名字才有利于记忆和传播。如果品牌名字可以体现产品属性、产品价值、企业文化等信息，那么将更有利于消费者的理解。例如谭木匠，虽然只有二十几年的历史，但该品牌名字及古朴的形象给人以"百年老店"的感觉；济民可信药业的"黄氏响声丸"则给人一种强有力的联想——黄氏给人一种中华中药世家古老字号的联想，借着中药的名号增加了自己产品的文化附加值，而"响声丸"三个字则强有力地说明了功效，并且给人以亮嗓开声的联想。品牌名字确定后可进行消费者测试，以确信品牌选择是否合适。

（2）品牌 logo

logo 不仅是一个精心设计的图案，而且是一个具有商业价值并兼具艺术欣赏价值的符号，能更好地将企业文化、企业精神、经营理念、战略目标等通过特殊的图形形式固定下来，从而令消费者看到 logo 而对企业产生认同。logo 必须有独特的个性，容易使公众认识及记忆，给人留下良好深刻的印象。只有特点鲜明、容易辨认和记忆、含义深刻、造型优美的标志，才能在同行业中突显出来，使受众对企业留下深刻印象。

【案例 2】

全球电商巨头亚马逊（Amazon）"

亚马逊标志的下方有着一张非常具有亲和力的笑脸箭头，箭头的指向字母则分别为 a 和 z（如图 3-5 所示），其寓意是亚马逊愿意向全球各地的消费者递送自己的商品和服务。

据悉，贝索斯当初选择 amazon 这个名字其实有两个原因：第一，它能让人联想起亚马逊热带雨林，暗示着亚马逊的巨大经营规模；第二，当时的网站排序主要是按照字母顺序进行的，因此选择以 a 开头的亚马逊能让网站排序更加靠前。

图 3-5　亚马逊商城的 logo

Airbnb

Airbnb 的新形象看起来很简单(如图3-6所示),其实它背后有四层含义:第一,这是一个字母 A,代表了 Airbnb;第二,这像是一个人张开双手,代表了人;第三,这像是一个标记地理位置的符号,代表地点;第四,这是一个倒过来的爱心,代表了爱。

图 3-6　Airbnb 的 logo

(3) 其他视觉形象设计

除了品牌名字、品牌 logo,品牌还包括其他的形象设计。品牌的形象设计是指品牌的外观、品牌的包装、品牌的广告、品牌代言人等,如绝对伏特加独特的瓶子包装、哈根达斯浪漫系的海报设计、刘翔为耐克代言、脑白金的跳舞小人、黑色基调包装的椰树牌椰汁……形象是品牌的根基,企业必须十分重视塑造品牌形象。

(4) 声音标识

品牌传播中,声音标识的运用已经十分普遍,其重要性日益显现。由于品牌竞争的激烈,目前可视标识已经减弱了品牌传播的效果。声音标识能跨越语言文字障碍而进行沟通,能弥补可视标识在品牌传播中的不足。例如1991年,英特尔推出首个广告语"Intel Inside",而它同时让人们深刻记住的还有"登……等登等登"这段音乐。

知识链接

Intel 的"Intel Inside"计划——小动静,大反响

英特尔于1991年启动著名的"Intel Inside"计划,即任何一位电脑生产商,只要在其广告上加入英特尔特别制作的"Intel Inside 图像＋Jingle 音效",英特尔就会为其支付40%的广告费用(在中国比例是30%)。以数据而言,英特尔在实施"Intel Inside"计划的隔年,销售额上升了63%,市值也由1991年的100亿美元提升至2001年的2 600亿美元。

(5) 其他网络品牌形式

一个品牌之所以被认知，首先应该有其存在的表现形式，也就是可以表明这个品牌确实存在的信息，除品牌名字、logo 等形式外，网络品牌还具有可认知的、在网上存在的表现形式，如域名、官方网站、官方微博、企业电子邮箱、企业二维码、微信公众号等。

3.4.2 品牌内涵

品牌不只是一个简单的标志符号，它具有更复杂的内涵。菲利普·科特勒指出一个品牌具有六层含义，即属性、利益、价值、文化、个性和使用者。随着品牌竞争的加剧，顾客对品牌的需求不再局限于属性、利益层次，还追求品牌所特有的价值、文化和个性，追求品牌的情感内涵。同样，企业对品牌的发展也应定位在更高层次上。

(1) 品牌属性

品牌属性指品牌产品在性能、质量、技术、定价等方面的独特之处。例如，"奔驰"代表着昂贵、工艺精湛、马力强大、高贵、转卖价值高、速度快等。多年来"奔驰"的广告一直强调它是"世界上工艺最佳的汽车"。所以，一旦人们想拥有这样的汽车，肯定会想到奔驰这个品牌，因此会理性地去关注这个品牌，选择这个品牌，这种选择是一种客观的判断，而不是主观的情感决定的。

(2) 品牌利益

顾客追求的不仅是所购买产品的属性，还有产品带来的利益。企业要将属性需要转换成功能与情感利益，如戴比尔斯钻石饰品，由于钻石选料精良，打磨加工精致，戴尔比斯挖掘出了钻石恒久不变的情感价值，所以其成为诠释钻石饰物象征永恒情感的代言品牌。

(3) 品牌价值

品牌价值，是品牌向消费者承诺的功能性、情感性及自我表现性利益，体现了制造商的某种价值感。品牌价值是一种超越企业实体和产品以外的价值，是与品牌的知名度、认同度、美誉度、忠诚度等消费者对品牌的印象紧密相关的、能给企业和消费者带来效用的价值，是产品属性的升华。例如，"高标准、精细化、零缺陷"是海尔体现的服务价值。品牌价值需要通过企业的长期努力，使其在消费者心目中树立一种形象，再通过企业与客户之间保持稳固的联系加以体现。

(4) 品牌文化

品牌也可能代表着一种文化，如万宝路香烟品牌代表了开拓、进取、自由、驰骋的文化；海尔也体现了一种高效率、高品质的文化。消费者会根据他们所喜爱的文化来选择，这也是一种感性的选择。

(5) 品牌个性

品牌个性指品牌形象人格化后所具有的个性。从深层次来看，消费者对品牌的喜爱是源于对品牌个性的认同。海尔最突出的品牌个性是真诚。

（6）品牌使用者

品牌使用者指品牌所指向的用户种类或目标市场细分,品牌暗示了购买或使用产品的消费者类型。

品牌的内涵在于它除了向消费者传递品牌的属性和利益外,更重要的是它向消费者所传递的品牌价值、品牌个性及在此基础上形成的品牌文化。这里以奔驰轿车为例,来诠释品牌内涵的六个层次。

- 品牌属性：昂贵、制作精良、技术精湛、耐用、高声誉、高二手价、高车速。
- 品牌利益：昂贵＝用户受尊重,制作精良＝用户安全,耐用＝无须频繁换新。
- 品牌价值：高性能、安全性强、高声誉。
- 品牌文化：德国人的文化,即有组织性、讲效率、讲质量。
- 品牌个性：像知趣和不爱啰嗦的人,像威严的雄狮,像不奢华的宫殿。
- 品牌使用者：资深高管人员。

3.4.3 品牌定位

哈根达斯宣扬"爱情的味道",农夫山泉"有点甜",这些让消费者深入骨髓的记忆,都源于成功的品牌定位。品牌定位是品牌建设的首要任务,后继的品牌识别设计、品牌传播等策略都是基于品牌定位展开的。因此品牌定位是品牌建设的重中之重。

定位理论最早由艾·里斯和杰克·特劳特于1969年提出,他们认为,面对当今这个传播过度和产品越来越同质化的时代,要赢得消费者,必须使自己的产品独树一帜,在消费者心中占据独特的地位。特别是在忙碌繁杂的现代生活中,消费者更加倾向于能直接获得最有效的信息,避免时间成本和金钱成本的额外支出。品牌定位直接表现品牌与竞争对手的差异性,让消费者对品牌提供的产品利益或情感利益一目了然,大大减少了研究比较品牌之间差别的时间。

品牌定位的本质是消费者心智资源的争夺,一旦消费者将品牌与某种认知联系在一起,品牌就占领了消费者心中的某个位置。若品牌成为某个类别或某种属性的代名词,当消费者产生相关需求的时候,便会第一时间联想起该品牌,并且首选该品牌,这种形成于消费者心目中的印象和认知不会轻易变化。这就是品牌定位的强大魔力。

【案例4】

差异定位：白药颠覆创可贴市场

邦迪的独角戏

20世纪初,美国强生公司的一名员工埃尔·迪克森将粗硬纱布和绷带黏合在一起,发明了一种外科轻微创伤用快速止血产品,公司将它命名为Band-Aid(邦迪)。邦迪创可贴实际上是由具有弹性的纺织物和橡皮膏胶粘剂组成的长条形胶布。这个方便实用的小发明,由于符合中国人对小伤口的护理习惯,一举占领了中国小创伤护理市场的半壁江山,截止到2001年,邦迪创可贴累计销售超过1 000亿片。邦迪的成功意味着"小胶布"止血市场有着巨大的空间,这也是市场上不断有新的创可贴产品出现的原因所在。遗憾的是,在中国市场上,创可贴品牌芜杂,产品雷同而缺少个性,仅有的一点差异无非是多了几个消费者根本记不住的生产企业名称而已。正是在这种大的市场背景下,云南白药于2001年强行进入创可贴市场。

差异定位:白药颠覆创可贴市场

实际上,在以邦迪为主导的创可贴市场竞争中,邦迪和创可贴几乎成为一个捆绑,在消费者的心目中,创可贴就是邦迪。既然在这个行业里有这么强的认知,在这样的形势下,如果仅是简单的模仿,云南白药创可贴显然不可能摆脱失利的命运。

云南白药很快发现,在消费者的认知领域中邦迪创可贴实际上等于一条胶布,那就好办了,云南白药就可以由此进行认知的切割,进行概念再造。云南白药创可贴是"含药"的创可贴,这样就在整个行业里,建立了一个新的认知规范。当这种认知范式建立之后,云南白药创可贴的产品定位马上就可以提炼出来了。

邦迪创可贴的确有其致命"死穴",严格说来,它不是药,仅仅是一块应急的小胶布。而白药是药,胶布和药的界限相当清晰,这恰恰为云南白药抗衡邦迪提供了一个机会:"为胶布加点白药""从无药到有药",将"含药"作为市场突破点,对产品进行差异化定位,云南白药创可贴与邦迪的核心差异立刻显现出来。产品差异化定位,这个历久弥新的钻石法则为云南白药创可贴带来的是巨大的竞争优势。

一个小小的"含药"定位帮助云南白药创可贴完成了对邦迪创可贴消费认知的切断,为云南白药带来的直接好处是:2001年以前云南白药创可贴只能仰视邦迪,2008年前6个月,其销售额就高达3亿元(其中包括白药牙膏及其他透皮产品约1.5亿元),白药创可贴一跃成为创可贴江湖唯一能和邦迪平起平坐的武林高手。这意味着邦迪主导的小创伤市场的竞争格局完全被打破了,市场份额被迫重新分配。

(资料来源:路胜贞《云南白药智斗强生"邦迪"成功法则:差异定位》,《新营销》2008年9月)

1. 品牌定位的基本原则

品牌定位应满足清晰、有效、持久三项原则。

(1)清晰:只有清晰准确的定位才有可能在短时间内抓住人们的眼球,进入人们的头脑,留下认知的痕迹。

(2)有效:有效既针对竞争对手,区别于对手所具有的独特差异点,又针对消费者,这种差异点的确能够吸引他们,满足他们的需求。

(3) 持久:品牌定位在一开始就应该全面分析市场、竞争格局和品牌自身,从中找到可以长久占领消费者心理空间的独特优势,避免朝令夕改,摇摆不定。

2. 品牌定位方法

凯文·莱恩·凯勒在《战略品牌管理》中指出,有效的定位必须高度差异化,确定最佳定位需要考虑的三个因素与品牌评估的三个视角密不可分,那就是消费者、公司和竞争。据此,主要有以下定位方法。

(1) 以产品特点为导向

以产品特点为导向进行品牌定位时,要注意产品特点与品牌的关系,既要使品牌定位与产品特点相关联,又要使品牌定位具有差异性。

① 功能定位

产品首先满足的是消费者的使用价值需求,所以消费者对产品的关注第一步是功效,以强调产品的功效即产品利益点为诉求是品牌定位最基本的形式。当产品具有多个利益点时,传达一个产品利益点还是多个应该有所选择。一般而言,最突出的利益点更能打动消费者。

例如,宝洁公司旗下的产品多以功能定位,海飞丝:去屑(头屑去无踪,秀发更出众);飘柔:柔顺(飘柔,顺起来);舒肤佳:除菌(爱心妈妈,呵护全家)。

② 价格/质量定位

质量与价格是一对姊妹。质优价高,质劣价低,这是消费者的一般认知。不管价格如何,人们都愿意获得高质量的产品,质量/价格定位即从这个认知出发,要么强调高质,与之相对应的是尊贵的享受、卓越的性能、品位的象征,即使价格惊人,大家认为物有所值,高价有理;要么表现平价质优,主要针对大众消费者。例如,家乐福:"天天平价";雕牌:"只买对的,不买贵的"。

③ 服务定位

强调产品层次之外的服务特色,体现企业和品牌"以人为本"的理念,实现消费者对产品需求层次之外的额外增值。例如,海尔:"真诚到永远";IBM:"IBM 就是服务";小天鹅:"全心全意小天鹅"。

(2) 以竞争为导向

以竞争为导向的品牌定位具有排他性的特点,在肯定品牌的同时否定其他竞争品牌。

① 类别定位

通过给品牌重新归类,使之明显区别于竞争品牌,从而与竞争品牌划清界限,占领消费者心中的新位置。例如,五谷道场:"非油炸,更健康";泰诺:"为了千千万万不宜使用阿司匹林的人们,请大家选择泰诺";七喜:"非可乐"。

② 关联定位

关联定位,也称比附定位。若第一的位置已经被他人占领了,失去了最有利地形,那就和第一名建立某种联系。当消费者由于心智阶梯的指引想到第一品牌时,就能想到与之密切相关的品牌。关联定位是通过与竞争品牌比较来确定自身市场地位的一种定位策略,即借竞争者之势,衬托自身的品牌形象。例如,宁城老窖:"塞外茅台";蒙牛初创期:"做内蒙古第二品牌,为民族工业争气,向伊利学习"。

(3) 以目标消费者为导向

以目标市场为导向的定位瞄准的是消费者,了解消费者希望得到什么样的利益和结果,公司能够创造和提供与之相适应的产品和利益。

① 目标消费者定位

直接以产品的消费者为诉求对象,用某类人士专用的优越感突出消费者的身份归属,从而获得目标消费者群的认同。例如,金利来:"男人的世界";哈药护彤:"儿童感冒药";百事可乐:"年轻一代的可乐";统一经典润滑油:"高级轿车专用润滑油"。

② 使用情景定位

情景定位是将品牌与使用环境、场合、使用情况等联系起来,以唤起消费者在特定情景下对该品牌的联想,从而产生购买欲望和购买行动。例如,红牛:"累了、困了喝红牛";营养快线:"没时间吃早餐,营养快线";喜之郎果冻:"工作休息来一个,游山玩水来一个,朋友聚会来一个,健身娱乐来一个"。

③ 情感定位

情感诉求是中外品牌广告中运用最多的手段之一。人是情感动物,一切以情感基调的表现都能引起人们的共鸣。通过将人类情感中的亲情、友情、爱情、关怀、牵挂、思念、温暖、怀旧等情感内涵融入品牌,让消费者在使用产品的过程中获得这些情感体验,从而唤起消费者内心深处的认同和共鸣,最终获得对品牌的喜爱和忠诚。例如,哈根达斯:"爱他(她),就请他(她)吃哈根达斯";麦斯威尔:"好东西要和好朋友一起分享"。

④ 文化定位

文化定位是指文化内涵融入品牌定位之中,形成文化上的品牌差异,文化定位有助于提升品牌的内涵、修养以及品味,使其更加具有特色。品牌采用文化定位,有利于消费者形成某种身份认同,提升品牌形象的同时,有助于形成较为稳定、忠实的消费群体。从这个角度考虑,可将文化定位归于目标消费者为导向的定位类别。例如,武汉红金龙:"思想有多远,我们就能走多远";白沙集团:"鹤舞白沙,我心飞翔";中国移动:"正德厚生,臻于至善"。

品牌定位方法千变万化,但万变不离其宗,即寻找最具价值和竞争力的差异点,占据消费者心智。定位理论的两位先驱杰克·特劳特和艾·里斯还特别强调了"第一"的重要性。例如,在美国市场上,高露洁一直强调"清洁牙齿,同时清新口气",佳洁士则抓住新的制高点,凭借"预防蛀牙"的品牌定位迅速站稳脚跟。非常戏剧性的是,在中国市场,早三年报到的高露洁率先提出了"防止蛀牙"的概念,在中国消费者心目中建立起了高露洁和防止蛀牙之间的关系,佳洁士再试图夺回自己的主权时,已经贻误战机。另一个例子是,联邦快递率先提出了"绝对的隔夜送达"的品牌定位,之后虽然很多公司都具备了这种条件,但是没人能撼动联邦快递在消费者心中建立起来的第一个隔夜送达的地位。

3.4.4 品牌传播

品牌具备了表现形式和内涵后,还需要一定的信息传播手段。仅有品牌的存在并不能为用户所认知,还需要通过一定的手段和方式向用户传递品牌信息,才能为用户所了解和接受。

品牌传播(或品牌推广)是指整合一切资源和手段,向利益相关者传递品牌信息,以提升品牌知名度、美誉度和忠诚度,最终打造出强势品牌的过程。品牌传播的要点有五个方面:一是整合哪些资源和手段;二是向谁传递信息;三是传递哪些信息;四是实现哪些目标;五是如何管理整个传播过程。

品牌传播的手段既可以是传统线下的,也可以是线上的。网络营销的主要方法,如搜索引擎营销、许可 E-mail 营销、病毒营销、网络视频营销等都具有品牌信息传递的作用。这些内容将在后续章节涉及,这里不再赘述。

思考题

1. 你认为品牌定位还可以有哪些方法?请列举实例说明。
2. 你认为哪些品牌的名称、logo、广告语设计较好?请阐明理由。

实践题

1. 浏览海尔商城与小米商城网站,回答以下问题。
   (1) 海尔商城/小米商城的产品与服务中,延伸产品层和潜在产品层是如何体现的?
   (2) 观察海尔与小米的产品组合,分析该品牌有哪些产品线,每条产品线上有多少个产品项目。
   (3) 分析该品牌产品组合的宽度、深度、黏度是否合理,并说明理由。

2. 接第 2 章实践,针对自己的产品从以下五个产品层次进行策划:

(1) 核心产品层;

(2) 有形产品层;

(3) 期望产品层;

(4) 延伸产品层;

(5) 潜在产品层。

五个层次的策划要紧密围绕产品,要有针对性和可操作性。

3. 接上题,为该产品创建品牌,必须包括以下内容:

(1) 品牌名称,并解释说明。

(2) 品牌视觉形象,可以为品牌设计 logo,并解释说明。

(3) 品牌广告语,并解释说明。

(4) 品牌定位,并说明品牌定位的角度。

第4章
网络营销价格策略

网络营销价格是指企业在网络营销过程中买卖双方成交的价格。价格是营销策划中的重要一环,其形成过程较为复杂,受到诸多因素的影响和制约,包括传统营销因素和网络自身因素。

4.1 网络营销价格的影响因素及特点

影响企业定价的因素是多方面的,如企业的长期发展目标与短期生存目标、企业的生产效率、国家的经济形势、同行业竞争环境、市场需求水平、供求双方的议价能力等。市场营销理论认为,产品价格的上限取决于产品的市场需求水平,产品价格的下限取决于产品的成本费用,在最高价格和最低价格的幅度内,企业如何对产品定价,则取决于竞争对手同种产品的价格水平、买卖双方的议价能力等因素。

由于网络营销减少了中间环节,节省了一定的经营成本,加上互联网及时性、互动性、跨时空和信息自由的特点,企业、消费者和中间商对产品的价格信息都有比较充分的了解,这使得网络营销在价格策略方面呈现出与传统营销不同的特点,如全球性、低价位定价、顾客主导定价等。

思考：

网络上商品价格如此开放、透明，消费者可以利用互联网及时获得同类产品或相关产品的不同价格信息，对价格及产品进行充分的比较，定价高的企业必然会受到巨大的冲击，那么为什么同样的商品在同一时间仍然会存在价格差异？比如，人民文学出版社的这本《水浒传》（如图4-1所示），2018年9月6日这天在不同商城的售价如表4-1所示。

图4-1 人民文学出版社的《水浒传》

表4-1 不同商城价格比较

原价	50.60元
京东	39.20元（满105元减6元，满200元减16元）
亚马逊	40.60元（每100元返100元自营券）
当当	50.60元（每满100元减50元）
淘宝	35.50元、29.90元等

导致网上存在价差的原因主要是以下几个方面。

（1）产品的不可比较性。如果比较的商品不完全相同，它们的价格有些差异也就不足为奇。即使是同一种商品，它们也不是完全可替代的，因为它们可能出现在不同的场合和时段。商品的不可比性不仅表现在它的物理性质上的不同，还可以是附加在它身上的商业服务的不同。

（2）购物的便利程度及购物体验。如符合顾客浏览习惯的商品信息、方便的结算方式、快捷的物流配送、周到的服务等都可能成为产生价格差异的原因。

（3）商家的知名度。每个商家的知名度都需要企业付出和投入大量的心血、精力和金钱，之后经过长时间的市场验证和公众的认可。所以，顾客选择知名度高的商家降低了购买过程中可能出现的风险，一部分人愿意为此付费。

（4）公众对品牌和商家的信任度。顾客如果对某个品牌或商家比较信任，就不太在乎合理的价格差异。这种信任可能来自产品的销量、好评率以及之前的购物经验等。

（5）顾客锁定。商家施行一系列工具性条件反射操作，如提高顾客转换成本、消费奖励计划等。

（6）价格歧视。有时有的商家会对顾客进行分类，使不同顾客在同一时间浏览同一商家同一商品时看到的是不同的价格。比如，商家针对不同级别的顾客显示不同的折后价格。

网络营销策略与方法

4.2 网络营销定价目标

定价目标是指企业通过制定产品价格所要达到的目的。企业在为产品定价时,首先要有明确的目标。不同企业、不同产品、不同市场、不同时期有不同的营销目标,因而也就要求采取不同的定价策略。但是,企业定价目标不是单一的,而是一个多元的结合体。在网络营销中,企业定价目标主要有以下几种。

(1) 以维持企业生存为目标。

当企业经营管理不善,或由于市场竞争激烈、顾客的需求偏好突然发生变化等原因,造成产品销路不畅、大量积压、资金周转不灵,甚至濒临破产时,企业只能为其积压了的产品定低价,以求迅速出清存货收回资金。但这种目标只能是企业面临困难时的短期目标,长期目标还是要获得发展,否则企业终将破产。

(2) 以获取当前理想的利润为目标。

追求当前利润的最大化,而不考虑长期效益。选择此目标,必须具备一定的条件,即当产品声誉好并在目标市场上占有竞争优势地位时,方可采用,否则还应以长期目标为主。

(3) 以保持和提高市场占有率为目标。

市场占有率是企业经营状况和企业产品竞争力的直接反映,它的高低对企业的生存和发展具有重要意义。一个企业只有保持或提高市场占有率,才有可能生存和发展。因此,这是企业定价选择的一个十分重要的目标。一般要实行全部或部分产品的低价策略,以实现提高市场占有率这一目标。

(4) 以应付或抑制竞争为目标。

有些企业为了阻止竞争者进入自己的目标市场,而将产品的价格定得很低,这种定价目标一般适用于实力雄厚的大型企业。中小型企业在市场竞争激烈的情况下,一般是以市场为导向,随行就市定价,从而也可以缓和竞争、稳定市场。

(5) 以树立企业形象为目标。

有些企业的定价目标是"优质优价",以高价来保证高质量产品的地位,以此来树立企业的形象。

企业定价目标一般与企业的战略目标、市场定位和产品特性相关。企业价格的制定应主要从市场整体来考虑,它取决于需求方的需求强弱程度和经济能力,取决于市场接受程度及来自替代性产品的竞争压力的大小。在网络营销中,现阶段许多企业进入网络市场的主要目的是占领市场以求得更多的生存和发展机会,其次才是追求企业的利润。因此,目前网络营销产品的定价一般都是低价,甚至是免费,以期在快速发展的市场中寻求立足机会。

4.3 网络营销的定价策略

所谓定价策略是指制定价格的方法和技巧的总称,是企业重要的竞争手段。企业产品的价格策略运用得当,会促进产品的销售,提高市场占有率,增加企业的竞争力。反之,则会制约企业的生存和发展。

1. 低价渗透策略

低价渗透策略,就是企业把产品以较低的价格投放网上市场,吸引网上顾客,抢占网上市场份额,提高网上市场占有率,以增强网上市场竞争优势。低价能使企业取得最大市场销售量,并且能够有效阻碍竞争者的跟进与加入。

(1) 直接低价定价策略

直接低价定价策略就是公开价格时一定要比同类产品的价格低,定价时大多采用成本加一定利润,有的甚至是零利润,这种策略一般是由制造商在网上进行直销时所采用。采取这种策略一方面是因为企业产品通过互联网直销可以节省大量的成本费用;另一方面是为了扩大宣传,提高网络市场占有率。

(2) 折扣定价策略

折扣定价策略即在原价基础上打折来定价,让顾客直接了解产品的降价幅度以促进购买。在实际营销过程中,网上折扣定价策略可采取会员折扣、数量折扣、现金折扣、自动调价、议价策略等。例如,为鼓励消费者多购买本企业商品,可采用数量折扣策略;为鼓励消费者按期或提前付款,可采用现金折扣策略;为鼓励中间商淡季进货或消费者淡季购买,也可采用季节折扣策略等。目前绝大多数网上商城都要求消费者成为会员,按会员资格在购物时给予折扣。

(3) 促销定价策略

企业为打开网上销售局面和推广新产品时可采用除折扣策略之外的促销定价策略,如有奖销售和附带赠品销售等。严格意义上说,折扣定价也属于促销定价策略的一种。

2. 撇脂定价策略

撇脂定价策略是指在产品生命周期的投入期,企业产品以高价投放市场,以攫取高额利润,犹如从牛奶中撇走奶油一样。例如,在新药品刚刚上市时,以高价出售尽快收回投资,以后随着产品生命周期的演变,再分阶段降价。采用这种策略,可使企业在短期内获取尽可能多的收益。

采用撇脂定价策略要注意以下三点：第一，产品的质量应与高价相符；第二，市场有足够多的顾客能接受这种高价，并愿意支付高价购买；第三，竞争对手在短期内不易打入该产品市场。

3. 定制生产定价策略

按照顾客需求进行定制生产是网络时代满足顾客个性化需求的基本形式。定制生产定价是在企业能实行定制生产的基础上，帮助消费者选择配置或者自己设计能满足自己需求的个性化产品，同时承担自己愿意付出的价格成本。

4. 使用定价策略

使用定价策略是顾客通过互联网注册后可以直接使用某公司产品，顾客只需要根据使用次数或使用时间进行付费，而不需要将产品完全购买。这既减少了企业为完全出售产品进行大量生产和包装的费用，又可以吸引那些有顾虑的顾客使用产品，扩大市场份额。采用这种定价策略，一般要考虑产品是否适合通过互联网传输，是否可以实现远程调用。目前比较适合的产品有软件、音乐、电影等。

5. 拍卖竞价策略

拍卖竞价是消费者通过互联网轮流公开竞价，在规定时间内价高者赢。比较适合网上拍卖竞价的是企业的一些原有积压产品，也可以是企业的一些新产品，可以通过拍卖展示起到促销作用。

同拍卖竞价类似的还有竞价拍买与集体竞价。竞价拍买是降价拍卖的反向操作，它是由买方引导卖方竞价实现产品销售的过程；集体竞价是由买卖者集体议价的交易方式，如团购就是一种典型的集体竞价。

6. 免费定价策略

免费定价策略是将企业的产品和服务以零价格形式提供给顾客使用，满足顾客的需求。免费定价策略又可细分为完全免费、部分免费、限制免费、捆绑式免费等多种形式。

(1) 完全免费：产品和服务完全免费，即产品(服务)在购买、使用和售后服务所有环节都实行免费服务。

(2) 部分免费：对产品和服务实行部分免费。例如，一些著名研究公司网站公布的研究成果，只有一部分内容免费，其余部分需付费。

(3) 限制免费：对产品和服务实行限制免费，即产品(服务)可以被有限次或有限期免费使用。例如，一些软件可免费使用30天，一些书籍可以免费阅读前面的章节。

(4) 捆绑式免费：对产品和服务实行捆绑式免费，即购买某产品或者服务时赠送其他

第4章 网络营销价格策略

产品和服务。例如,充话费送手机。

(5) 小众付费:产品和服务对大多数消费者免费,但部分消费者愿意为额外的体验而付费,这种收费模式多出现在网络游戏中。

(6) 广告商付费:由广告商为用户和流量付费,如各大搜索引擎。这种付费方式对普通消费者来说是完全免费的,所以从某种意义上说也属于完全免费。

7. 动态定价策略

动态定价策略是指企业根据单个交易水平的供给状况即时确定购买(出售)产品或服务的价格。

【案例】

亚马逊的差别定价策略试验

为提高在主营产品上的赢利,亚马逊在2000年9月中旬开始了著名的差别定价实验。亚马逊选择了68种DVD碟片进行动态定价试验,试验当中,亚马逊根据潜在客户的人口统计资料、在亚马逊的购物历史、上网行为以及上网使用的软件系统确定对这68种碟片的报价水平。例如,名为《泰特斯》的碟片对新顾客的报价为22.74美元,而对那些对该碟片表现出兴趣的老顾客的报价则为26.24美元。通过这一定价策略,部分顾客付出了比其他顾客更高的价格,亚马逊因此提高了销售的毛利率。但是好景不长,这一差别定价策略实施不到一个月,就有细心的消费者发现了这一秘密,通过在名为DVD Talk(www.dvdtalk.com)的音乐爱好者社区的交流,成百上千的DVD消费者知道了此事,那些付出高价的顾客当然怨声载道,纷纷在网上以激烈的言辞对亚马逊的做法进行口诛笔伐,有人甚至公开表示以后绝不会在亚马逊购买任何东西。更不巧的是,由于亚马逊前不久才公布了它对消费者在网站上的购物习惯和行为进行了跟踪和记录,因此这次事件曝光后,消费者和媒体开始怀疑亚马逊是否利用其收集的消费者资料作为其价格调整的依据,这样的猜测让亚马逊的价格事件与敏感的网络隐私问题联系在了一起。为挽回日益凸显的不利影响,亚马逊的首席执行官贝佐斯只好亲自出马进行危机公关,他指出亚马逊的价格调整是随机进行的,与消费者是谁没有关系,价格试验的目的仅仅是为测试消费者对不同折扣的反应,亚马逊"无论是过去、现在或未来,都不会利用消费者的人口资料进行动态定价。"

【案例思考】

(1) 亚马逊差别定价试验失败的原因是什么?

(2) 试分析在什么情况下更适合差别定价。

(3) 试为亚马逊制定有效的差别定价策略。

8. 其他定价策略

除上述定价策略外，还有尾数定价、整数定价、谐音定价、系列定价等一些常见的心理定价策略。

(1) 尾数定价：保留价格尾数，采用零头标价。例如9.98元而不是10元，一方面给人以便宜感，另一方面又因精确的定价给人以信赖感。

(2) 整数定价：把价格定成整数或整数水平以上，给人以较高一级档次的感觉。例如10元而不是9.98元。

(3) 谐音定价：定价时可多使用大多数消费者偏爱的数字，如88、66.6。

(4) 系列定价：针对消费者比较价格的心理，将同类产品的价格有意识地分档次拉开，形成价格系列，使消费者在比较价格中能迅速找到各自习惯的档次，得到"选购"的满足。

思考题

1. 如何避免价格战？

选择一款自己感兴趣的商品，在淘宝上搜几家相关店铺，并进行比较。

(1) 观察：同类产品价格最低的店铺是不是销量最高的；

(2) 思考并总结：店铺如何操作，才能让消费者不只比较价格。

2. 请为文中提到的八种网络定价策略分别找出具体实例，并思考该实例中使用的策略是否合适。

实践题

1. 接上章，浏览海尔商城网站与小米商城网站，总结两个商城中产品定价的特点。

2. 接上章，为自己的产品制定定价策略。

第5章
网络营销渠道策略

【案例1】

携程酒店业务疑"封杀"阿里旅行?

2015年11月27日,有媒体爆料称携程、艺龙、去哪儿对在阿里旅行平台的供应商进行"封杀",如同时在做阿里旅行,携程系将同步终止与该供应商合作。随后阿里旅行向南方日报证实了这一点,回应"共建共赢才是健康良性的行业生态"。

对于携程系的"封杀",阿里旅行方面称有少数酒店迫于无奈,退出了阿里旅行平台,阿里旅行不愿意参与到逼迫商家站队的恶性行为中来。作为一个开放服务的平台,阿里旅行从来没有逼迫商家站队,也不会因此而开始逼迫商家站队。因为共建共赢才是健康良性的行业生态。对此,携程方面表示,尊重供应商的业务选择,携程、艺龙、去哪儿是三个独立的公司,都会按照各自的业务需求来应对市场。

同年10月底,携程继吞并艺龙后又成功合并去哪儿网,在酒店在线预定领域成为领头羊。劲旅咨询发布的研究报告(以下简称"报告")显示,2014年携程、艺龙、去哪儿共占中国在线酒店市场份额的51.6%。

在酒店领域与携程系"可战"的常被认为是美团。报告显示,2014年美团占据在线酒店市场份额的27.6%,稳居在线酒店领域第二的位置。据旅游商业观察报道,近日携程系不仅对阿里"开战",去哪儿网目的地事业部更是将"切死美团"作为主要任务,要在前台切客,并与这些酒店签署排美团协议。

(材料来源:2015年12月02日 南方日报)

"你有血液,我有血管;得渠道者,得天下。"这是流传在传统营销领域里的一句名言,把渠道比作血管,可见其重要性。从案例1可以看出在互联网时代渠道之争依然十分惨烈。

5.1 网络营销渠道概述

5.1.1 网络营销渠道的含义

营销渠道是产品或服务从生产者向消费者转移过程的具体通道或路径,营销渠道本质上是对使产品或服务能够被使用或消费的一系列相互依存的组织的研究。随着市场环境的变化,企业的营销渠道在建立、应用、发展的过程中也在不断地变革和演化。互联网是一种新的营销渠道,网络营销渠道即是以互联网为通道实现商品或服务从生产者向消费者转移过程的具体通道或路径。目前,很多企业通过自建网站,或是一些网络平台售卖自己的商品,从而达到开拓市场的目标。

在商品经济条件下,产品必须通过交换,发生价值形式的运动,使产品从一个所有者转移到另一个所有者,直至消费者手中,这称为商流;伴随着商流还有产品实体的空间移动,称为物流;付款、转账等货币的转移过程,称为货币流;咨询、谈判、签约等信息的流转,称为信息流。商流与物流、信息流、货币流相结合,使产品从生产者到达消费者手中,便是分销渠道或分配途径,对此环节的规划、协调便是营销策划的主要内容之一——渠道策划。营销渠道的畅通与否,市场分布面的广阔或狭窄,对于企业的竞争力和发展前景有着重要影响。同时,企业对于营销渠道的选择策略,还会在一定程度上影响企业及其产品的声誉,所以无论是在传统营销时代还是在互联网营销时代,都必须在营销渠道的选择和布局上进行认真的决策和策划。

名家名说

营销渠道是促使产品或服务顺利地被使用或消费的一整套相互依存的组织。

——菲利普·科特勒

营销渠道是指当产品从生产者向最后消费者或产业用户移动时,直接或间接转移所有权所经过的途径。

——肯迪夫和斯蒂尔

5.1.2 网络营销渠道的功能

一个完善的网络营销渠道应具有沟通、订货、结算以及配送四大功能。

(1) 沟通功能

随着网络技术的普及和营销观念的发展,营销渠道在生产商和最终消费者之间所起的信息搜寻、传递媒介、售后服务的作用日益被人们所认识,这部分功能包括调研、促销、联系、谈判、售后服务等。

(2) 订货功能

当前订货功能的实现通常由购物车完成,购物车的作用与超市中的购物篮相似,消费者选购商品后,将其放入购物车中,系统会自动统计出所购物品的名称、数量和金额,消费者在结算后,生成订单,订单数据进入企业相关数据库,为产品生产、配送提供依据。

(3) 结算功能

结算功能指通过网络收取货款的功能。消费者在购买商品后,可以通过多种方式进行方便的付款,因此企业应该有多种结算方式。目前国内常用的结算方式有网上银行、第三方支付、邮局汇款、货到付款、公司转账等。

(4) 配送功能

配送功能指将顾客在网上购买的产品发送到目的地的功能。一般来说,产品分为有形产品和无形产品。对于无形产品(如服务、软件及音乐等),可以直接通过互联网进行配送。而有形产品的配送,则需要仓储和运输。企业可以委托专业的物流公司完成配送业务,如 DELL 公司将美国货物的配送业务都交给联邦快递完成;企业也可以利用自己的力量建设物流配送系统,如 IBM 公司的蓝色快车就拥有自己的"e物流"。

5.1.3 网络营销渠道的类型

互联网可以直接把生产者和消费者连到一起,将商品直接展示在顾客面前,回答顾客的疑问,并接受顾客的订单。这种直接互动与超越时空的电子购物,无疑是营销渠道上的革命。同时,目前许多企业在网络营销活动中除了自建网站外,还可通过中介商信息服务、广告服务、撮合服务、交易服务等扩大企业影响、完成商品销售。例如天猫、京东,以及一些行业网站,如中国化工网、纺织网等,能帮助企业顺利地完成从生产者到消费者的整个转移工程,进而使企业达到开拓市场的目标。所以,网络营销渠道可以划分为网络直销与网络间接营销两种类型。

传统营销中,按流通环节的多少,可将分销渠道划分为直接渠道与间接渠道,如图 5-1 所示,间接渠道又分为一级、二级和三级渠道。直接渠道与间接渠道的区别在于有无中间商。

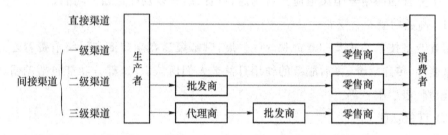

图 5-1 传统营销渠道级数类型示意

与传统市场营销相比较,网络营销的渠道表现较为单一,其作用、结构和费用诸方面有很大的变革和进步,如图 5-2 所示。

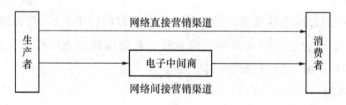

图 5-2 网络营销渠道的主要结构

5.2 网络直销

在传统营销渠道中,中间商占有非常重要的地位。因为利用中间商能够在广泛提供产品和进入目标市场方面获得最高的效率。中间商凭借其业务往来关系、经验、专业化和规模经营,提供给公司的利润经常高于企业自营商店的利润。但互联网的发展和应用,使得传统中间商凭借地域因素获得的优势被互联网的虚拟性所取代,从而实现了网络环境下新的分销渠道。企业可按照不同的需求,使用不同的网络分销渠道策略。

5.2.1 网络直销概述

网络直销是指生产者通过网络直接推广销售自己的产品。在网络直销渠道中,生产者可以通过自己的网站或App等,让顾客直接订货,再通过与一些电子商务服务机构如网上银行合作,直接在网上实现支付结算,简化了过去资金流转的问题。在配送方面,对数字产品可以选择利用互联网技术直接向用户传输产品;对非数字产品,一般可以通过与专业的第三方物流公司合作,建立高效的物流系统。

目前有许多企业都建有自己的网站或App进行网络直销。因为网络直销不仅为企业打开了一个面向全球市场的窗口,给中小型企业提供了和大型企业平等竞争的机会,还有许多其他优点。

第一,生产者能够直接接触消费者,获得第一手的资料,进而开展有效的营销活动。

第二,网络直销减少了流通环节,给买卖双方都节约了费用,产生了经济效益。网络直销大大降低了企业的营销成本,使企业获得价格优势;同时,消费者在节约了决策购买时间的同时又买到了低于现货市场价格的产品。

第三,网络直销使企业能够利用网络工具(如电子邮件、即时通信工具等)直接联系消费者,及时了解用户对产品的需求和意见,从而针对这些要求向顾客提供技术服务,解决难题,提高产品的质量,改善企业的经营管理。

第四,生产者直接对接消费者,可以有效防止假冒伪劣商品的出现,保障了消费者权益,维护了企业形象。

思考:

网络直销的优点这么多,为什么采用像DELL这种直销模式的公司不多?

网络直销也有其不足的方面。

第一,网站出头难。随着互联网的发展,越来越多的企业建立了自己的网站。面对大量网站,消费者很难有耐心一一访问,大部分的网络访问者都是走马观花地扫一眼。对于那些不知名的中小型企业,网站的访问者更是寥寥无几,网站并没有产生预期的效果。同样,对于新出现的App,愿意下载的消费者更是少之又少。

第二,独立建设管理网站和App的费用成本较高。建设与维护网站及App需要人力成本与经济成本,尤其对一些中小型企业来说,人力资源不足,经济负担较重,难以实现网络直销。

第三，会引起渠道冲突。去中介化给公司带来直销机会的同时，也会威胁到现有合作者的分销安排。渠道冲突会涉及利益相关者，如销售代理商。所以当康柏公司决定是否采用DELL公司的直销模式时，考虑到其目前的销售十分依赖于代理渠道，为了避免影响其目前的销售额，最终还是放弃了这一计划。

因此，互联网确实使企业有可能直接面对所有顾客，但这又仅仅只是一种可能，面对数以亿计的网站，只有那些真正有特色的网站才会有访问者，直接销售可以多一些，但绝不是全部。

强生公司的网站策略分析

美国强生公司是综合性医药保健公司之一，也是产品多元化的公司之一，公司成立于1886年，截止到2011年已在世界上60个国家设有250多家分公司，全球共有员工115 000多名，产品畅销175个国家。

强生公司的网站策划很复杂，面对旗下众多的企业、产品和品牌，如果不厌其烦地一味穷举，就可能做成"医疗保健品大全"之类。所以，强生以"有所为，有所不为"为建站原则，以企业"受欢迎的文化"为设计宗旨，明确主线，将主题做深、做透，从而取得极大成功。

公司首先考虑网上"受欢迎"的是什么，千百万网民实际需求和关注的是什么，这种满足必须是与互联网媒体特性、企业现有产品相结合的，同时在网上还要有特色的、别人难以模仿的新颖服务项目，并且这种服务对网民和企业都必须是可持续、可增进双方亲和力与品牌感召力的项目。

明确这些条件后，强生选择其婴儿护理品为网站的形象产品，选择"您的宝宝"为站点主题，整个站点就成了年轻网民的一部"宝宝成长日记"。此外，网站还为年轻父母提供了心理指导，这对于婴儿的父母来说具有特别重要的意义。例如，"我的宝宝学得有多快？"栏目就开导人们："将一个婴儿与其他婴儿比较是很困难的，只有将他的现在和他的过去作比较。你们的爱对婴儿来说是至关重要的，无条件地接受他、爱他，就会培养出一个幸福、自信的孩子来。"

促进人们的交流是互联网的主导功能，强生也运作了一个"全美母亲中心协会"的虚拟社区。"全美母亲中心协会"分布于各州，目的是"使参加者不再感到孤立无助，展示其为人之母的价值，切磋夫妇在育儿方面的经验，共同营造出一个适合孩子生长的友善环境"。如今，强生的企业网站除保留原来的交流作用外，还从相关科研动态与信息方面来帮助顾客解决问题。通过网络营销，强生开辟了丰富多彩的婴儿服务项目。借助于婴儿服务项目,强生建立了与网民家庭的长期联系,又借助于这种联系,巩固了与消费者之间的关系,同时又培养出新一代的消费者。

【案例思考】

(1) 强生的网站为什么不只是商品的罗列,而是开辟了很多实用的栏目?

(2) 企业在建设直销渠道时需要考虑哪些因素?如何能让自己的直销渠道脱颖而出?

5.2.2 网络直销渠道建设

由于销售对象不同,网络直销渠道也是有区别的。一般来说,网络直销主要有两种方式,一种是B2B,即企业对企业的模式,这种模式每次交易量很大、交易次数较少,并且购买方比较集中,因此网络直销渠道建设的关键是建设好订货系统,方便购买企业进行选择;由于企业一般信用较好,通过网上结算实现比较简单;同时由于量大次数少,因此配送时可以进行专门运送,既可以保证速度也可以保证质量,还可以减少中间环节造成的损失。第二种方式是B2C,即企业对消费者模式,这种模式每次交易量小、交易次数多,而且购买者非常分散,因此网络直销渠道建设的关键是结算系统和配送系统。

有些产品易于数字化,可以直接通过互联网传输,如大多数的无形产品都可以通过互联网实现远程传输,可以脱离对传统配送渠道的依赖。但对于大多数有形产品,还必须依靠传统配送渠道来实现货物的空间移动,对于部分产品依赖的渠道,可以通过互联网进行改造,最大限度提高渠道的效率,减少渠道运营中的人为失误和时间耽误造成的损失。

在具体建设网络直销渠道时,还应考虑到以下几个方面。

首先,从消费者角度设计渠道。只有采用消费者比较放心、容易接受的方式才有可能吸引消费者网上购物,以克服网上购物所产生的不信任感。

其次,设计订货系统时要简单明了,不要让消费者填写太多信息,而应该采用现在流行的"购物车"方式模拟超市,让消费者一边看物品比较选择,一边选购。在购物结束后,一次性进行结算。另外,订货系统还应该提供商品搜索和分类查找功能,以便于消费者在最短时间内找到需要的商品,同时还应对商品提供消费者想了解的信息,如性能、外形、品牌等重要信息。

再次,在选择结算方式时,应考虑到目前的实际发展状况,尽量提供多种方式方便消费者选择,同时还要考虑网上结算的安全性,对于不安全的直接结算方式,应换成安全的间接结算方式。目前,在国内流行的支付宝、微信支付是众多网上企业选择的比较安全可靠、操作也较为简便的支付结算方式。

最后,关键是建立完善的配送系统。消费者只有看到所购买的商品到家后,才真正感到踏实,因此建设快速有效的配送服务系统是非常重要的。目前,国内配送体系相对成熟,企业应注意选择适合自己产品的配送服务。

5.3 网络间接销售

网络间接销售,也称网络中介交易,是企业借助于网络中间商将自己的产品销售给消费者的一种渠道模式。网络间接销售克服了网络直销的缺点,使网络商品交易中介结构成为网络时代连接买卖双方的枢纽。首先,因为一些专业的网络中介机构知名度高、信誉好,并且可以解决"拿钱不给货"或者"拿货不给钱"的问题,从而降低买卖双方的风险,确保了双方的利益。其次,由于网络中介机构汇集了大量的产品信息,消费者进入一个网站(中介机构)就可以获得不同厂家的同类产品的信息,生产者只需要通过同一个中间环节就可以和消费者产生交易关系,这大大简化了交易过程,加快了交易速度,使生产者和消费者都感到方便。

5.3.1 网络中间商的类型

网络中间商就是生产者通过因特网向消费者出售产品时的中介机构,是执行组织、实施或协助商品所有权顺利转移的组织或机构。按照网络中间商的性质可以划分为网络经销商、网络代理商、网络交易市场等。

1. 网络经销商

经销商,就是在某一区域和领域进行商品销售或提供服务的单位或个人。经销商具有独立的经营机构,拥有商品的所有权(买断制造商的产品/服务),获得经营利润,多品种经营,经营活动过程不受或很少受供货商限制,与供货商责权对等。

例如,华硕的网络经销商如表 5-1 所示。

表 5-1 华硕系统类产品部分网络渠道授权经销商

经销商	签约编号	网址
北京京东世纪贸易有限公司	ASUS-ET-JD-0001	http://www.jd.com/
江苏苏宁易购电子商务有限公司	ASUS-ET-SN-0002	http://www.suning.com/
国美在线电子商务有限公司	ASUS-ET-GM-0003	http://www.gome.com.cn/
国美电器有限公司	ASUS-ET-GM-0004	http://www.gome.com.cn/
新悦美电子科技(上海)有限公司	ASUS-ET-GM-0005	http://www.gome.com.cn/
华硕电脑旗舰店	ASUS-ET-ASUS-0006	http://store.asus.com.cn/

续表

经销商	签约编号	网址
华硕恩荣专卖店	ASUS-ET-JDER-0007	http://mail.jd.com/index-177938.html
华硕粤智专卖店	ASUS-ET-JDYZ-0008	http://mail.jd.com/index-199555.html
华硕蓝鸿笔记本专卖店	ASUS-ET-JDLH-0009	http://mail.jd.com/index-165757.html
华硕智凝专卖店	ASUS-ET-ZN-0010	http://mail.jd.com/index-165011.html

注：资料来源于华硕官网 https://www.asus.com.cn/About_ASUS/etailer/，2019.2。

2. 网络代理商

代理商，仅仅是作为企业与市场之间的中介，来帮助企业将产品销售到市场上，并不具有该产品的所有权，只能得到相应的佣金酬劳。阿里巴巴的 1688 分销客采用的即是按交易效果付费的网络代理商模式，商家设置商品佣金，分销客进行推广，交易成功后，商家再支付给分销客相应的佣金收入。

3. 网络交易市场

通过网络交易市场，可以改变传统贸易中一对一或一对多的模式，变成多对多模式，并创造众多买卖商家聚集的在线交易空间。例如为企业与个人间提供交易信息与服务的平台天猫，为企业间提供交易信息与服务的平台慧聪网、1688 网等，如图 5-3 所示。

图 5-3　网络交易市场

5.3.2　选择网络中间商的标准

网络中间商在整个渠道中具有重要作用，在选择时必须慎重，否则同样会给生产商带来不利后果。企业必须在对网络中间商进行评估的基础上，了解网络中间商的类型、业务特征、功能，再根据自身产品的特性、目标市场的定位和企业整体的战略目标，正确选择可以合作的网络中间商。选择网络中间商的标准主要有以下几个方面。

1. 服务水平

网络中间商的服务水平包括独立开展促销活动的能力、与消费者沟通的能力、收集信息的能力、物流配送能力以及售后服务能力等。

2. 成本

这里的成本主要指企业享受网络中间商服务时的费用。这些费用包括：生产企业给商品交易中间商的价格折扣、促销支持费用，在中间商服务网站建立主页的费用，维持正常运行时的费用，获取信息的费用等。对这些费用，不同的中间商之间的差别很大。

3. 信用

由于网络的虚拟性和交易的远程性，买卖双方对于网上交易的安全性都不确定。在目前还无法对各种网站进行有效认证的情况下，网络中间商的信用程度就至关重要。在虚拟的网络市场里，信誉就是质量和服务的保证。生产企业在进行网络分销时只有通过信用比较好的中间商，才能在消费者中建立品牌信誉和服务信誉。

4. 特色

网络营销本身就体现了一种个性化服务，要更多地满足网络消费者的个性化需求。企业在选择中间商时，必须选择与自己的目标顾客群的消费特点相吻合的特色网络中间商，才能真正发挥网络销售的优势，取得经济效益。

5. 网站流量

网站流量的大小反映了网站客流量的大小，是实现网上销售的重要前提。选择网络中间商时，应尽量选择网站流量大的网络中间商，以促进网上销售，并扩大公司在网上的知名度。

6. 经营实力与经营水平

经营实力包括中间商的资金状况、人员素质、仓储设施等；经营水平包括中间商适应市场变化的能力、推销商品的创新能力和对顾客购买商品的吸引力等。

5.4 网络营销渠道建设与管理

企业在进行产品定位，明确目标市场后，就需要进行渠道设计，确定具体的渠道方案。

1. 选择渠道模式

选择渠道模式即对直接渠道和间接分销渠道的选择。企业可根据产品的特点、企业战略目标的要求以及其他各种影响因素,决定采用哪种类型的分销渠道:网络直销还是网络间接销售。企业也可以在采用网络直销的同时开辟网络间接销售渠道,这种混合销售模式正在被许多企业采用。因为在目前的买方市场条件下,通过多种渠道销售产品比通过一条渠道更容易实现"市场渗透",增加销售量。

2. 确定中间商数量

确定中间商数量,即确定分销渠道的中间商的数目。在网络分销中,分销渠道大大缩短,企业可以通过选择多个中间商如信息服务商或商品交易中间商来弥补短渠道在信息覆盖上的不足,增加渠道的宽度。在确定网络中间商的个数时,有以下三种策略可供选择。

① 密集型分销渠道策略,即选择尽可能多的分销商来销售自己的产品,这种策略使顾客随时随地都能购买到产品,它提供的是一种方便,一般适合于低值易耗的日用品。

② 选择型分销策略,即只选择有限的几家经过仔细挑选的中间商来销售自己的产品,中间商存在有限竞争,它提供给顾客的主要是一种安全、保障和信心,一般适合于大件耐用消费品。

③ 独家型分销策略,只选择一家经过仔细挑选的中间商来销售自己的产品,它提供的是一种独一无二的产品或服务,而且价值昂贵,顾客稀少。

3. 明确渠道成员的责任和权利

在渠道的设计过程中,还必须明确规定每个渠道成员的责任和权利,以约束各成员在交易过程中的行为。例如,生产企业向网络中间商提供及时的供货保证、产品质量保证、退换货保证、价格折扣、广告促销协助、服务支持等,中间商向生产者提供市场信息、各种统计资料、落实价格政策、保证服务水平、保证渠道信息传递的畅通等。在确定渠道成员的责任和权利时要仔细谨慎,要考虑多方面的因素,并取得有关方面的积极配合。

4. 渠道管理

在选择好渠道的分销模式和确定了具体的渠道方案后,渠道就进入了一个相对成熟的阶段。这时生产商还有一项十分重要的工作要做,那就是对渠道进行管理,必要时还要对渠道进行调整。

思考题

1. 你认为哪家公司的网站或 App 做得好?请列出理由。

2. 请讨论网络直销与网络间接营销各有什么优劣势。
3. 请讨论选择网络中间商时，需要参考哪些标准。

 实践题

1. 任选一个搜索引擎，搜索"海尔洗衣机"或"小米手机"。
(1) 总结有哪些渠道可以买到该商品，这些渠道分别属于渠道中的哪种类型。
(2) 比较同款商品在这些渠道中的价格是否相同，并分析原因。
(3) 思考自己在购买这类商品的时候会考虑哪个渠道，并说明原因。
2. 接上章，为自己的产品策划制定具体的渠道策略。
(1) 你会选择网络直销模式，还是网络间接营销模式？请说明理由。
(2) 如果选择直销模式，你会如何建设自己的网站或App？
(3) 如果选择间接营销模式，你将选择哪些中间商？请说明理由。

第6章 网络促销策略

6.1 网络促销概述

随着网络经济的快速发展,企业的市场竞争已从传统的竞争模式走向了网络竞争模式。现代企业竞争的最终目标是获得更多的顾客,使企业产品获得更好的销路。因此,企业除了要重视生产适销对路的产品和制定具有诱惑力的价格等传统营销要素外,还要重视产品的网络促销,设计并传播产品外观、特色、购买条件,以及产品将给目标顾客带来的利益等信息。

6.1.1 网络促销的概念

1. 网络促销的含义

促销指营销人员通过各种方式将有关企业及产品的信息传递给目标顾客,以促进其了解、信任,并达到刺激需求、促成购买、扩大销售的一系列活动。促销的实质是企业与现实、潜在顾客之间进行信息沟通的过程。网络促销是指利用现代化的网络技术向市场传递有关产品和服务的信息,以启发需求,引起消费者的购买欲望和购买行为的各种活动。

2. 网络促销与传统促销的区别

虽然传统促销和网络促销都是让消费者认识产品,引起消费者的注意和兴趣,激发他们的购买欲望,并最终实现购买行为,但由于互联网强大的通信能力和覆盖面积,网络促销在时间和空间观念上,在信息传播模式及顾客参与程度上都发生了较大的变化。区别主要表现在以下方面。

(1) 时空观念的变化

以产品流通为例,传统的产品销售和消费者群体都有一个地理半径的限制,网络营销大大地突破了这个原有的半径,使之成为全球范围的竞争;传统的产品订货都有一个时间的限制,而在网络上,订货和购买可以在任何时间进行。这就是最新的电子时空观。企业的促销人员必须认识到这种时空观念的变化,调整自己的促销策略。

(2) 信息沟通方式的变化

在网络上信息沟通方式是十分丰富的。在网上可以传输多种媒体的信息,它提供了近似于现场交易过程中的产品表现形式;同时这种双向、快捷、互不见面的信息传播又能够将买卖双方的意愿表达得淋漓尽致,也留给对方充分的时间思考。

(3) 消费者群体和消费行为的变化

在网络环境下,消费者的概念和客户的消费行为都发生了很大的变化。网络消费者是一个特殊的消费群体,与传统消费者的消费需求不完全相同。首先,他们有足够的时间仔细比较商品的性能、质量、价格和外观,能从容地做出自己的选择。其次,购买者常常是独自坐在计算机前浏览、选择,大部分购买决策是自己做出或与家人商量后做出的,受外界影响少。因此,网上购物的决策行为较之传统的购买决策要更加理性。

网络促销虽然与传统促销在促销观念和手段上有较大差别,但由于它们推销产品的目的是相同的,因此整个促销过程的设计具有很多相似之处。所以,对于网络促销的理解,一方面应当站在全新的角度去认识这一新型的促销方式,理解这种依赖现代网络技术、与顾客不见面、完全通过互联网交流思想和意愿的产品促销形式;另一方面则应当通过与传统促销的比较去体会两者之间的差别,吸收传统促销方式的整体设计思想和行之有效的促销技巧,打开网络促销的新局面。

6.1.2 网络促销的作用

网络促销对于消费者的作用,主要体现在以下几个方面。

(1) 告知功能

将企业的产品、服务、价格等信息通过网络传递给消费者,以引起他们的注意。

(2) 说服功能

网络促销的目的在于通过各种有效的方式,解除潜在消费者对产品或服务的疑虑,说服其坚定购买的决心。例如,在许多同类商品中,顾客往往难以察觉各种产品间的微小差别。企业通过网络促销活动,宣传自己产品的特点,使消费者认识到该产品可能给他们带来的利益或特殊效用,进而选择本企业的产品。

(3) 创造需求

运作良好的网络促销活动,不仅可以诱导需求,而且可以创造需求,发掘潜在的消费者,拓展新市场,扩大销售量。

(4) 反馈功能

结合网络促销活动,企业可以通过在线填写表格或电子邮件等方式及时地收集和汇总消费者的意见和需求,迅速反馈给企业的决策管理层。由此所获得的信息准确性和可靠性高,对企业经营决策具有较大的参考价值。

(5) 稳定销售

在企业的产品销售量波动较大、市场地位不稳的情况下,通过适当的网络促销活动,树立良好的产品形象和企业形象,往往有可能改变消费者对企业及产品的认识,提高产品的知名度和用户对本企业产品的忠诚度,达到锁定用户,实现稳定销售的目的。

6.2 网络促销的形式

网络促销的形式主要有网络广告、网络销售促进和网络公共关系策略等。

1. 网络广告

网络广告主要是通过网上知名站点、免费电子邮件服务,以及其他网络营销工具来发布企业的产品信息,对企业及企业产品进行宣传推广。(有关网络广告的详细内容请参见本书第 7 章。)

2. 网络销售促进

网络销售促进是指企业运用各种短期诱因,在网上市场利用销售促进工具刺激顾客对产品或服务的购买和消费使用的促销活动。网络销售促进在刺激产品销售的同时,还可以与顾客建立互动关系,了解顾客的需求和对产品的评价。网络销售促进主要是用来进行短期性的刺激销售,一般主要有以下几种形式。

(1) 网上折价促销

折价又称打折、折扣,是目前网上最常用的一种促销方式。网上销售商品不能给人全面、直观的印象，也不可试用、触摸等原因，再加上配送成本和付款方式的复杂性，影响人们网上购物和订货的积极性，而幅度较大的折扣则可以促使消费者进行网上购物的尝试并作出购买决定。

（2）网上赠品促销

赠品促销目前在网上的应用也很常见，一般在新产品推出试用、产品更新、对抗竞争品牌、开辟新市场情况下，利用赠品促销可以达到比较好的促销效果。

京东经常推出各种电商节日，并大搞赠品促销活动。图6-1所示为某日京东的赠品促销活动。赠品促销的优点在于提升品牌和网站的知名度、鼓励人们经常访问网站、根据消费者索取赠品的热情程度总结分析营销效果和产品情况。

图6-1　京东2019年4月19日超级品牌日的购OPPO手机赠蓝牙音箱活动

赠品促销时应注意不要选择次品、劣质品作为赠品，否则只会起到适得其反的作用；明确促销目的，选择适当的能够吸引消费者的产品或服务；注意预算和市场需求，赠品要在能接受的预算范围内，不可过度赠送赠品而造成营销困境。

（3）网上抽奖促销

每到"双十一"，很多天猫卖家会大搞抽奖促销活动。图6-2所示为2016年天猫卖家"双十一"的抽奖促销活动。抽奖促销是以一个人或数人获得超出参加活动成本的奖品为手段进行商品或服务的促销。网上抽奖活动主要附加于调查、产品销售、扩大用户群、庆典、推广某项活动等。消费者或访问者通过填写问卷、注册、购买产品或参加网上活动等方式获得抽奖机会。

网上抽奖促销活动应注意以下几点：奖品要有诱惑力，可考虑大额超值的产品吸引人们参加；活动参加方式要简单化和有趣味性，太过复杂和难度太大的活动较难吸引匆匆的访客；保证抽奖结果的真实性、公正性、公平性，由于网络的虚拟性和参加者的广泛地域性，对抽奖结果可请公证人员进行全程公证，并及时通过公告等形式向参加者通告活动进度和结果。

图 6-2　2016 年天猫卖家"双十一"幸运大抽奖活动

（4）积分促销

积分促销在网络上的应用比起传统营销方式要简单和易操作。网上积分活动很容易通过编程和数据库等来实现，并且结果可信度很高，操作起来相对较为简单。积分促销一般设置价值较高的奖品，消费者通过多次购买或多次参加某项活动来增加积分以获得奖品。积分促销可以增加上网者访问网站和参加某项活动的次数，可以增加上网者对网站的忠诚度，可以提高活动的知名度等。目前，很多航空公司、移动运营商、银行、网上商城都有积分兑换业务，图 6-3 所示为知名化妆品牌 DHC 的积分促销活动。

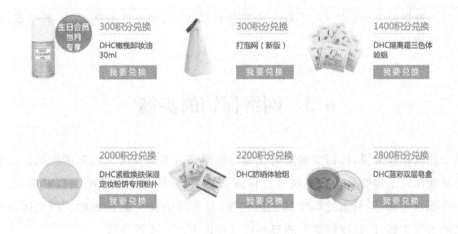

图 6-3　DHC 于 2019 年 4 月的积分促销活动

3．网络公共关系策略

公共关系策略，是指利用各种传播手段唤起人们对企业及企业产品的好感、兴趣和依赖，争取人们对企业经营理念的理解，树立企业形象的一种营销工具。网络公共关系即借助互联网作为媒体和沟通渠道,通过与企业利益相关者(包括供应商、顾客、中间商、雇员、社会团体等)建立良好的合作关系,为企业的经营管理营造良好的环境。网络公共关系既要收集信息、传递信息,还要反馈信息,是一种双向的交流,作为营销沟通的手段,在提升企业形象、赢得顾客信任、为企业发展创造良好的外部环境方面发挥着越来越重要的作用。一般来说,网络公共关系策略有下面一些目标。

(1) 与网络媒体建立良好的合作关系。通过与网上新闻媒体建立良好的合作关系,将企业有价值的信息通过网上媒体发布和宣传,以引起消费者对企业的兴趣,同时通过网上新闻媒体树立企业良好的社会形象。

(2) 通过互联网宣传和推广产品。宣传和推广产品是网络公关关系的重要职能之一。企业可以利用互联网上的社区、论坛、公众号等工具来宣传推广产品,但发布信息时要注意方式,以免引起消费者的反感,使得结果适得其反。

(3) 通过互联网建立良好的沟通渠道。其包括对内沟通和对外沟通,让企业利益相关者能充分了解企业,以巩固老顾客关系,同时与新顾客建立联系。

(4) 积极应对网络公关危机问题。在进行网络公关之前,企业设置一套预警系统是必不可少的。在这个系统中,可以设想一下企业可能会发生什么样的危机,并在其中进行相应的预防准备。有了这个系统,企业便能面对突如其来的公关危机,有条不紊地拿出应对策略,使组织迅速摆脱危机。

4. 其他促销方式

除以上常用的三种形式外,还有一些其他促销方式,如事件营销、活动营销等,也被很多企业所应用。

6.3 网络促销的实施

对于任何企业来说,如何实施网络促销都是网络营销人员必须面对的挑战。营销人员首先必须深入了解商品信息在网络上传播的特点,分析网络信息的接收对象,设定合理的网络促销目标,然后通过科学的实施程序,打开网络促销的新局面。根据国内外网络促销的大量实践,网络促销的实施流程可以按以下六个步骤进行。

(1) 确定网络促销对象

网络促销对象是指在网络虚拟市场上可能产生购买行为的消费群体。要确定他们是新的潜在顾客还是老顾客,是直接消费者还是间接使用者(如决策者、影响者),是早期采用者还是落后采用者等。

(2) 设计网络促销内容

网络促销的最终目标是希望引起购买。这个最终目标是要通过设计具体的信息内容来实现的。消费者的购买过程是一个复杂的、多阶段的过程,促销内容应当根据购买者目前所处的购买决策过程的不同阶段和产品所处的生命周期的不同阶段来决定。

(3) 决定网络促销组合

网络促销活动可以通过前述三种形式展开。但由于企业的产品种类不同,销售对象不同,促销方法与产品种类和销售对象之间将会产生多种网络促销的组合方式。企业应当根据每种促销方法各自的特点和优势,结合自己产品的市场情况和顾客情况,扬长避短、合理组合,以达到最佳的促销效果。

有的促销方法主要实施"推战略",其主要功能是将企业的产品推向市场,获得广大消费者的认可,如网络广告促销;有的促销方法主要实施"拉战略",其主要功能是将顾客牢牢地吸引过来,保持稳定的市场份额,如网络销售促进。

(4) 制订网络促销预算方案

在网络促销实施过程中,使企业感到最困难的是预算方案的制订。所有的价格、条件都需要在实践中不断学习、比较和体会,不断地总结经验。只有这样,才可能用有限的精力和有限的资金获得尽可能好的效果,做到事半功倍。

(5) 衡量网络促销效果

网络促销的实施过程到了这一阶段,必须对已经执行的促销内容进行评价,衡量促销的实际效果是否达到了预期的促销目标。对促销效果的评价主要依赖于两个方面的数据。一方面,要充分利用互联网上的统计软件,及时对促销活动的好坏作出统计。这些数据包括主页访问人次、点击次数等。因为网络宣传不像报纸或电视那样难以确认实际阅读和观看的人数,在网上,可以很容易地统计出站点的访问人数,也可以很容易地统计广告的阅览人数。利用这些统计数据,网上促销人员可以了解自己在网上的优势与弱点,以及与其他促销者之间的差距。另一方面,可以通过销售量的增加情况、利润的变化情况、促销成本的降低情况,判断促销决策是否正确。同时,还应注意促销对象、促销内容、促销组合等方面与促销目标的因果关系的分析,从而对整个促销工作作出正确的判断。

(6) 网络促销过程的综合管理和协调

为保证网络促销的效果,科学的管理起着极为重要的作用。在衡量网络促销效果的基础上,对偏离预期促销目标的活动进行调整是保证促销取得最佳效果的必不可少的程序。同时,在促销实施过程中,不断地进行信息沟通和协调,也是保证企业促销连续性、统一性的需要。

【案例】

韩寒《后会无期》的网络营销

看着郭敬明凭借《小时代》电影版再次赚得盆满钵满,韩寒终于坐不住了,决定在作家、赛车手、全民岳父的身份之外再加一个——导演。不同于《小时代》的是,电影《后会无期》并没有原著的粉丝基础,而是全新创作的素材。在电影的前期微博宣传上,并没有依赖影片的相关细节,而是靠演员或导演的片场照片,加以"韩式幽默"的调侃配文在微博上传播。许多网友更是脑洞大开,几乎每条微博下都出现许多"神评论"。而相关营销大号将这些"神评论"汇总,再以微博形式传出,使得高质量的UGC得到了有效的二次传播。因而,《后会无期》的前期宣传既保持了影片的神秘性,又在话题性上做足了噱头。

影片上映后,剧中各主角的经典语句被制成九宫格图片传播,并且迅速引发了各种体的自由创作,最经典的当属"XX就会放肆,而X就是克制"。这些简单易改编的句式瞬间燃起了网民们的创作热情,即使是尚未去电影院观看的人也不会对台词感到陌生。此外,《后会无期》剧组为剧中倍受欢迎的小阿拉斯加犬马达加斯加建立了个人微博,主要用于互动卖萌和揭露电影的幕后故事,让电影在观众心中有了更完整的形象。

【案例思考】

(1) 根据上述案例,分析电影《后会无期》的宣传运用的网络促销方法。

(2) 如果你是这部电影的营销总监,试想还可以通过哪些方式进行更加有效的网络促销?

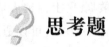
思考题

1. 你在平时购物过程中,最喜欢哪种促销方式?请说明理由。
2. 你见过最多的促销方式有哪些?并分析为什么这些促销方式使用得最多。
3. 请讨论如何与企业利益相关者(供应商、顾客、中间商、雇员、社会团体、媒体等)建立良好的合作关系。

实践题

1. 浏览海尔商城与小米商城。

(1) 总结海尔商城与小米商城各有哪些促销方式。

(2) 请仔细浏览小米社区,总结一下小米如何维护与客户之间的关系。

2. 接上章,为自己的产品制定促销策略,要求详细具体。

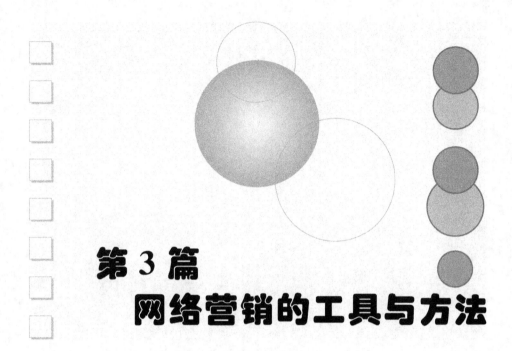

第3篇
网络营销的工具与方法

第 7 章 网络广告

7.1 网络广告概述

因特网作为继报刊、广播、电视之后的"第四媒体",由于其独特的交互性和个性化特征,在营销传播方面表现出其他媒体无法比拟的优势和潜力,催生出一种新型的网络营销传播方式——网络广告。与传统广告相比,网络广告时效性强、互动性强,且更灵活、更具感染力。

受网民人数增长,数字媒体使用时长增长等因素推动,网络广告收入快速增长。据国家市场监督管理总局发布的数据,2018 年中国整体广告市场经营额为 7 991.48 亿元,网络广告市场规模达到 3 694.23 亿元,从五大媒体的广告收入来看,网络广告持续快速发展并占据广告市场绝对核心地位。

1. 网络广告的发展

(1) 世界上第一个网络广告

美国著名的杂志《连线》(*Wired*)在 1994 年 10 月 14 日,向公众推出了网络版的 Hotwired (www.hotwired.com),在其主页上,出现了 AT&T 等 14 个企业的横幅广告,这标志着新型广告——网络广告诞生了。

知识链接

《连线》是一本全美发行的彩色月刊,并同时拥有在线版本。该杂志于1993年3月开始发行,着重报道科技对文化、经济和政治的影响。

(2) 中国第一个网络广告

1997年3月,英特尔和IBM公司在比特网(ChinaByte)投放了中国第一个商业网络广告。IBM为AS400的宣传支付了3 000美元,同时比特网赢得了第一笔广告收入。这也是中国互联网历史上的一个里程碑。

 知识链接

 比特网是中国第一家IT互联网媒体,创建于1997年年初,在行业里创造过多个第一:第一笔广告收入,第一个引入风投等。

之后网络广告进入了快速发展期,为了规范网络广告的发展,2016年9月1日起施行《互联网广告管理暂行办法》,其中第七条规定:互联网广告应当具有可识别性,显著标明"广告",使消费者能够辨明其为广告。这也标志着网络广告将更健康有序地发展。

2. 什么是网络广告

狭义地说,网络广告是指广告主利用一些受众密集或有特征的网站摆放商业信息,并设置链接到某目的网页的过程,如门户网站上的各种广告链接。广义地说,一切通过Internet的各种技术表现形式,传播商业信息的过程与方法都是网络广告。比如,百度搜索中的搜索广告、淘宝天猫中的电商广告、爱奇艺等视频网站中的贴片广告等都属于网络广告。

网络广告具备了网络媒体所特有的优势,其传播范围广,不受时空限制;交互性强、投放灵活且更有针对性;成本低、感官性强,且能有效监控。

3. 网络广告的形式

艾瑞咨询2018年8月31日发布的中国网络广告市场监测报告显示,电商广告、搜索广告所占市场份额比例最高,其次是信息流广告、品牌图形广告、视频贴片广告及富媒体广告,随着两微一端(微博、微信、App)的快速发展,信息流广告增长明显,如图 7-1 所示(其中,2018—2020 年为预测数据)。

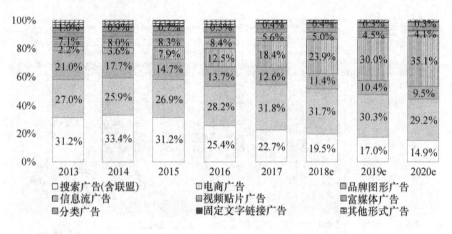

图 7-1　2013—2020 年中国不同形式网络广告市场份额及预测

下面将对网络广告的主要形式依次介绍。

(1) 电商广告

电商广告是电商平台的进驻商家在平台上投放的广告,包括垂直搜索类广告和展示类广告。电商广告常见于大型的电商平台,如天猫、淘宝、京东、亚马逊等。

垂直搜索类广告的原理和搜索引擎广告基本一样,都是由用户搜索关键词触发的广告。由于电商平台上售卖同类商品的商家有很多,但商品展示的页面有限,用户浏览时习惯上往往只看前三页,所以为了争取好的曝光展示位置,广告主会付费给平台购买广告位。像淘宝直通车广告、亚马逊标题搜索广告、京东快车广告都属于垂直搜索类广告,如图 7-2 所示。

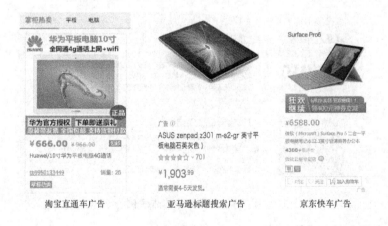

图 7-2　垂直搜索类电商广告示例

展示类广告指的是投放在第三方网站上的视觉广告。展示广告是基于用户行为和人口统计等因素，以个人或群体为目标而投放的广告，即在最佳时机向合适的人展示正确的信息。淘宝、天猫的钻石展位即为展示类广告，图7-3所示即为淘宝展示类广告。

图7-3　淘宝展示类广告示例（截图于2018年12月）

（2）搜索广告

搜索广告又称为搜索引擎广告，是指广告主根据自己的产品或服务的内容、特点等，确定相关的关键词，撰写广告内容并自主定价投放的广告。当用户搜索到广告主投放的关键词时，相应的广告就会展示（关键词有多个用户购买时，根据竞价排名原则展示），并在用户点击后按照广告主对该关键词的出价收费，无点击不收费。图7-4中，带广告字样的搜索结果即为百度搜索广告。

图7-4　百度搜索广告示例

（3）原生广告与信息流广告

原生广告（Native Advertising，Native Ads）的概念于2013年被提出。关于原生广告的定义，目前尚没有一个统一的标准，各界众说纷纭，简单来说就是广告与内容融合在一起,把广告变成内容的一部分,如影视剧中的植入广告,时尚杂志中时尚品牌的平面广告以及搜索引擎的竞价排名广告等。信息流广告则是原生广告的一种形式。

信息流,顾名思义是内容按相似的规格上下排布。信息流广告,即是将广告融入内容的信息流中,它最早于2006年出现在社交巨头Facebook上,随后Twitter、Pinterest、Instagram和LinkedIn以及国内的微信、微博、今日头条等媒体也相继推出信息流广告(如图7-5所示)。它以一种十分自然的方式融入用户所接收的信息当中,用户触达率高。

微信信息流广告

微博信息流广告

今日头条信息流广告

图7-5 信息流广告示例

(4)品牌图形广告

品牌图形广告是网络硬广告最常见的表现形式之一,它以图片广告为主,主要投放在综合门户网站、垂直类专业网站上,其作用是增强品牌广告的曝光率。品牌图形广告主要包括旗帜广告、通栏广告、弹屏广告、按钮广告、画中画广告、全屏广告、开屏广告、对联广告、视窗广告、导航条广告、鼠标感应弹出框广告、浮动标识/流媒体广告、焦点图广告、背投广告等形式。

- 旗帜广告(Banner):又称横幅广告,通常横向出现在网页中。旗帜广告可以是静态的,也可以是动态的、交互式的(如图7-6所示)。

图7-6 旗帜广告示例

- 通栏广告:同样横向出现在网页中,但比旗帜广告更长,面积更大,更具表现力,更吸引人(如图7-7所示)。

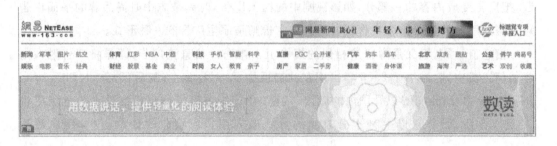

图 7-7 通栏广告示例

- 弹屏广告：当用户进入网页时，自动开启一个新的浏览器显示广告（如图 7-8 所示）。

网站的弹屏广告　　　　　　App的弹屏广告

图 7-8 弹屏广告示例

- 按钮广告：也称为图标广告。按钮广告其实是从旗帜广告演变过来的一种广告形式，图形尺寸比旗帜要小（如图 7-9 所示）。这种广告形式在互联网主页中非常普遍，它可出现在主页的任何位置。其优势在于，一方面面积小，购买成本低，让小预算的广告主有能力购买；另一方面能够更好地利用网页中比较小面积的零散空白位。

图 7-9 按钮广告示例

- 画中画广告:指在文章里强制加入广告图片,广告和文章混杂在一起,读者有时无法辨认是新闻图片还是广告(如图7-10所示),即使会辨认,也会分散注意力。

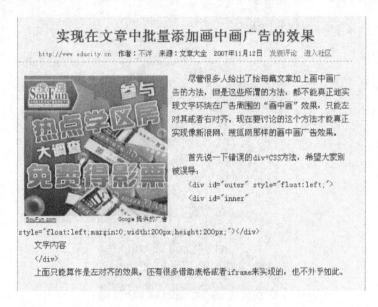

图7-10 画中画广告示例

- 全屏广告:在用户打开浏览页面时,以全屏方式出现3～5秒,可以是静态的页面,也可以是动态的Flash效果。全屏广告表现空间丰富,视觉冲击力强(如图7-11所示)。

图7-11 全屏广告示例

- 开屏广告:用户启动App时显示的广告。广告展示时间一般在3～5秒,用户可以选择跳过广告直接进入App,形态可以是静态图片、动态图片甚至是Flash(如图7-12所示)。

图 7-12　开屏广告示例

（5）视频贴片广告

视频贴片广告指的是视频分享类网站中正文内容的片头、片尾或者插片播放的视频广告（如图 7-13 所示）。其中，贴片分为前贴、中插、后贴，时间长短不等。随着视频网站的兴起，视频贴片广告的市场份额也一直居高不下。

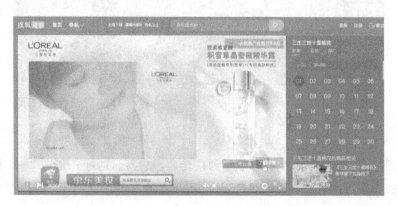

图 7-13　视频网站的贴片广告示例

(6) 富媒体广告

富媒体广告并不是一种具体的互联网媒体形式,是指具有动画、声音、视频和/或交互性的信息传播方法,包含下列常见的形式之一或者几种的组合:流媒体、声音、Flash 以及 Java、JavaScript、DHTML 等程序设计语言(如图 7-14 所示)。

图 7-14　富媒体广告示例

(7) 文字链接广告

文字链接广告是以文字为链接的广告(如图 7-15 所示),如在热门站点的 Web 页上放置可以直接访问的其他站点的链接,通过热门站点的访问,吸引一部分流量点击链接。文本链接广告的优点是对用户阅读网站造成的影响较小,费用一般也比较低,能达到软性宣传的目的。但是此广告是通过文字来传达信息的,传播效果有一定的局限性,因为从一句话里传达的信息是有限的,如何发挥这句话的作用就需要好的创意。

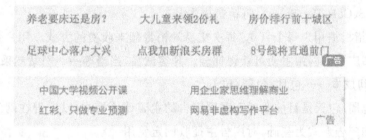

图 7-15　文字链接广告示例

(8) 其他网络广告形式

除以上常见的网络广告形式外,还有一些其他的形式,如冠名式广告、互动式广告等。随着网络广告新技术的出现以及用户行为的转变,也逐步产生了一些新的网络广告形式,如直播 + 广告的形式、短视频 + 广告的形式等,同时 VR、AR、智能手表、智能音箱、育儿机器人等新技术与新智能设备的出现都为广告增添了新的形式和媒介。

7.2 网络广告的计费方式

付费网络广告有多种计费方式,目前常用的主要有每千人成本(CPM)、每点击成本(CPC)、每行动成本(CPA)、每购买成本(CPP)、每销售成本(CPS)、包月/包周/包天等。

(1) CPM(Cost Per Mille):每千人成本

CPM即广告每显示1 000次的费用。比如,一个横幅广告的单价是1元/CPM,就意味着每1 000人次看到这个广告收1元,依此类推,10 000人次访问的费用就是10元。CPM是最常用的网络广告计费模式之一,淘宝网的钻石展位即采用该计费模式。

(2) CPC(Cost Per Click):每点击成本

CPC即根据广告被点击的次数收费,广告主仅为用户点击广告的行为付费,不为广告的显示次数付费。CPC一般是24小时内,不重复IP点击一次的成本。搜索引擎的关键词广告一般采用这种计费模式。

(3) CPA(Cost Per Action):每行动成本

CPA即根据每个访问者对网络广告所采取的行动收费的定价模式。对于用户行动有特别的定义,包括形成一次交易、获得一个注册用户或者对网络广告的一次点击等。

(4) CPP(Cost Per Purchase):每购买成本

CPP是指广告主为规避广告费用风险,只有在网络用户点击广告进入相应的站点下订单并进行在线交易后,才按销售笔数付给广告站点费用。

(5) CPS(Cost Per Sales):每销售成本

CPS是指根据用户每个订单/每次交易的销售额来收费的方式。用户每成功达成一笔交易,发布广告的网站主便可获得佣金。凡客诚品、当当等一些网站就采用这种模式。

(6) 时间成本——包月/包周/包天

包月/包周/包天是目前我国互联网广告的主要计价模式,以广告在网站中出现的位置、时间段和广告形式为基础,对广告主征收固定费用。

7.3 网络广告的产业链及投放流程

7.3.1 网络广告的产业链

网络广告的产业链中包含了广告主、媒体、广告商、受众。

(1) 广告主是指想为自己的品牌或者产品做广告的人或企业,如宝马、Intel、蒙牛等企业。

(2) 媒体则是提供广告位置的载体,如电视台、网站、杂志、楼宇、广播电台等。

(3) 广告商本质上就是中介,帮广告主找媒体广告位,帮媒体找广告主。

(4) 产业链中还有一个不能忽略的部分,那就是"消费"广告的人,即受众。受众都是有特点的,被分成一类一类特点相近的人群。

7.3.2 网络广告的投放流程

网络广告的投放流程如图 7-16 所示,投放广告之前首先要明确营销目标及目标受众;其次根据广告预算选择合适的网络媒介、制作网络广告并投放;最后要对本轮网络广告的效果进行评估。

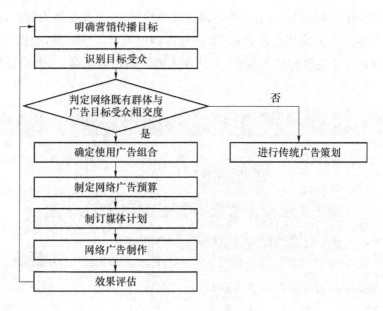

图 7-16 网络广告的投放流程

1. 明确营销传播目标

首先要明确本次投放广告的目标,如建立品牌认知或偏好、促使顾客即时购买、刺激客户交互行为等。无论广告目标是什么,都应是可达成的、可量化的。例如,可设定广告投放后的销售额增长量、会员注册量、网站 IP 数等。

2. 媒介选择

(1) 考虑指标

- 网站流量:即网站访问量,一个媒介的访问量决定了它的覆盖程度。流量少的媒介,投放意义不大。
- 访问者构成与内容相关性:即网站和网站访问者的特点,是否与自己的产品相符等。
- 网站信誉度:指网站的诚信度及价值观等。
- 网站服务水平与网站技术水平:从精准的用户画像,到广告发布和实时监控、效果跟踪、反馈、优化,高水平的服务和技术会让广告投放更加有效。
- 过滤竞争对手合作网站。

(2) 目标群体指数(TGI)评价体系

TGI=(目标群体中具有某一特征的群体所占比例/总体中具有相同特征的群体所占比例)×标准数100。TGI 表征不同特征用户关注问题的差异情况,其中TGI等于100表示平均水平,高于100代表该类用户对某类问题的关注程度高于整体水平。例如,在IT从业人群中,有8.8%的人过去一年内浏览过房产网站,而在总体人群中,浏览房产网站的人数比例为6.4%,则房产网站在IT从业人群中的TGI是138,如图7-17所示,这说明房产网站的一个主要定位人群是IT从业人群。TGI数值越大,表明目标群体吻合度就越高。

网站类型	高收入家庭	企业白领	职业女性	IT从业	大学就读
B2B网站	105	107	104	115	91
IT网站	98	100	91	119	110
财经网站	108	117	101	104	82
电子杂志	97	86	83	118	119
房产网站	124	137	119	138	82
分类广告	98	105	103	125	106
旅行网站	146	132	110	111	102
体育网站	73	94	62	96	133
网络游戏	96	81	78	104	110
网上购物	99	101	107	103	105
网上交友	95	100	89	101	103
网上招聘	100	111	107	139	114
音乐网站	94	82	94	79	104
银行支付	116	119	111	120	90
综合门户	101	100	100	100	101

图 7-17 TGI 评价体系

(3) 一些工具网站的参考

Alexa网站与站长之家网站都提供网站排名查询、网站流量查询、网站访问量查询、网站页面浏览量查询服务。广告主可借助这些工具网站提供的排名,根据需要选择合适的媒介进行广告的投放。图7-18即为站长之家对社交类网站、旅游类网站及视频网站的访问量排名。

图 7-18　站长之家对各类网站访问量排行（截图于 2018 年 11 月）

（4）一些统计报告

除以上工具外，一些政府部门、统计企业、咨询机构等推出的统计报告也可给广告主提供重要参考。

7.4　网络广告的效果评估

网络广告的效果评价关系到网络媒体和广告主的直接利益，也影响到整个行业的正常发展。广告主希望了解自己投放广告后能取得什么回报，著名广告大师约翰·沃纳梅克（1838—1922 年，始创第一家百货商店"沃纳梅克氏"，被认为是百货商店之父，同时也是第一个投放现代广告的商人）曾说：我知道我的广告费有一半被浪费了，但遗憾的是，我不知道是哪一半被浪费了。传统媒介广告的效果统计确实较难，但网络广告不同，访问者的浏览行为能够被追踪统计，可就此分析网络广告的效果。网络广告评估的指标评价体系由经济类指标、投放效果指标、媒体评价指标和受众接受程度指标四部分构成。

7.4.1　经济类指标

网络广告的最终目的是促成产品的销售，那么广告主最关注的是由于网络广告的影响而得到的收益，而收益是广告收入与广告成本两者的差，因此，网络广告经济效果评估的内容及指标可以概括为以下三个方面。

1. 广告效益指标

（1）新增收入：指消费者受网络广告的影响产生购买而给广告主带来的销售收入。

（2）新增客户：受网络广告的影响，消费人数的增长量。

2. 广告费用指标

该指标指在投放广告期间,广告主所付给媒体的投放成本。常见的几种网络广告的成本计算方式有 CPA、CPC、CPM 等,7.2 节已有介绍,这里不再重复。

3. 市场占有率指标

该指标指网络广告投放后,本企业产品的市场销售量占该市场同种商品总销售量的份额是否有所提升。

7.4.2 投放效果指标

1. 曝光率

曝光率是指网络广告所在的网页被访问的次数,这一数字通常用计数器(Counter)来进行统计。假如广告刊登在网页的固定位置,那么在刊登期间获得的曝光次数越高,表示该广告被看到的次数越多,获得的注意力就越多。

2. 点击率

网民点击网络广告的次数就称为点击次数。点击次数可以客观准确地反映广告效果。而点击次数除以广告曝光次数,就可得到点击率。点击率是网络广告最基本的评价指标,也是最直接、最有说服力的量化指标。

3. 到达率

广告到达量是指网民通过点击广告进入推广网站的次数,广告到达量与广告点击量的比值称为广告到达率。广告到达率通常反映广告点击量的质量,是判断广告是否存在虚假点击的指标之一。广告到达率也能反映广告着陆页的加载效率。

4. 转化率

网络广告的最终目的是促进产品的销售,而点击次数与点击率指标并不能真正反映网络广告对产品销售情况的影响,于是,引入了转化次数与转化率的指标。转化次数就是由于受网络广告影响所产生的购买、注册或者信息需求行为的次数,而转化次数除以广告曝光次数,即得到转化率。

除以上指标外,还可使用跳出率、交互率等指标进行衡量。

7.4.3 媒体评价指标

媒体评价的意义在于明确不同媒体的特点及不同媒体的适用性,确定有效的同目标市场沟通的媒体和平台。

1. 媒体的覆盖率

媒体的覆盖域指媒体发生影响的空间范围与对象。并不是覆盖域越大,媒体价值就越大,要重点考虑媒体是否能覆盖营销计划所针对的目标市场。媒体覆盖率即指某一媒体、广告在特定时期内传达到特定目标受众程度的比例指标。

2. 受众广告接触频率

- 受众在该媒体一段时间内接触同类广告的数量。
- 受众在该媒体一定时间范围内接收到该品牌广告的数量。
- 受众同期可能在其他媒体接触到该品牌的频度。

7.4.4 受众接受程度指标

受众接受程度指标,指广告发布后对目标受众所产生的心理反应。该指标并非直接以销售情况的好坏评判广告效果,而是以广告到达、知名度、偏好、购买意愿等间接促进产品销售的因素作为依据来判断广告效果的方法。

受众接受程度指标可从消费者的态度出发进行测量,通常可以调研以下几个层级。

(1) 广告认知指标:认知广告的人数占广告总浏览人数的百分比。

(2) 广告识别指标:包括品牌识别率、主要传达信息识别率等。

(3) 广告回忆指标:即在没有任何提示的情况下能够回忆起广告的比例。广告只有被记住了才有可能最大限度地影响消费者购买。

(4) 广告说服效果指标:包括喜好度、可信度、理解度等。例如,看过广告的消费者中表示喜欢的人群比例与喜欢水平,喜欢程度越高,消费者购买产品的可能性就越高。

(5) 广告延伸效果:包括品牌提及率、品牌形象认知度、品牌定位认知度、品牌内涵认知度等。

思考题

1. 任选2~3个网站,总结这些网站中使用了哪些网络广告形式,并分析每种广告的优缺点。

2. 任选一网站,分析其广告的投放形式与收费标准,如搜狐营销中心(http://ad.sohu.com/adprice/)。

3. 登录艾瑞网(http://www.iresearch.com.cn/),了解网络广告的概况。

 **实践题**

为小组产品策划网络广告投放。
(1) 说明详细的过程。
(2) 选择网络广告平台与网络广告形式,并陈述详细的理由。

第8章
搜索引擎营销

【案例】

如果说罗斯福是第一个广播电台总统,肯尼迪是第一个电视总统的话,奥巴马则是第一个互联网总统。

2008年的美国总统大选中,奥巴马在竞选过程中很大程度上借助了互联网的巨大力量打败竞争对手麦凯恩,被很多人亲切地称为"互联网总统"。

截至2008年10月15日,奥巴马成功募款6.4亿美金,其中80%以上是通过网络募集而来的。而据美国联邦选举委员会透露,在2008年上半年,奥巴马在搜索引擎上的广告费用超过了300万美金,占了他整个网络营销费用的60%还多。奥巴马购买了Google的"关键词广告",如果一个美国选民在Google中输入奥巴马的英文名字Barack Obama,搜索结果页面的右侧就会出现奥巴马的视频宣传广告以及对竞争对手麦凯恩政策立场的批评视频等;此外,他还购买了很多热点话题的关键词,如"油价""伊拉克战争"和"金融危机"。

(节选自中青在线-中国青年报"奥巴马胜选'是搜索营销的一个完美案例'",2008-11-18,http://zqb.cyol.com/content/2008-11/18/content_2435176.htm)

8.1 搜索引擎概述

思考：

你使用过哪些搜索引擎？在这些搜索引擎中输入相同的关键词，搜索结果是否完全相同？

8.1.1 搜索引擎的定义

搜索引擎（Search Engine）是对互联网上的信息资源进行搜索整理，然后供用户查询的系统。搜索引擎也是一个网站，提供信息"搜索"服务。用户可以很方便地通过输入特定的文字（通称关键词）查找任何需要的资料。

目前，国内主流的搜索引擎有百度、搜狗搜索、360 搜索等；国际流行的搜索引擎有谷歌、雅虎、必应等。在这些搜索引擎中输入相同的搜索词，得到的结果并不完全相同，这是因为每个搜索引擎的算法不完全相同，而且每个搜索引擎的算法是不公开的。

8.1.2 搜索引擎的工作原理

搜索引擎的工作原理大致上可以分成 3 个阶段：爬行和抓取，预处理，输出结果。

1. 爬行和抓取

每个搜索引擎都有自己开发的一套程序，用于抓取互联网上数以亿计的网页，这个程序通常被称为"蜘蛛"，也有人称之为"爬虫"。这样命名主要是因为百度给自己的抓取程序取名为 Baiduspider，中文译作"百度蜘蛛"。因为百度是国内最大的中文搜索网站，所以普遍就把搜索引擎的抓取程序称为蜘蛛了。不同的搜索引擎命名不同，谷歌的抓取程序取名为 Googlebot，中文译作"谷歌机器人"。无论是蜘蛛、爬虫还是机器人，都是搜索引擎抓取页面用的程序。

搜索引擎蜘蛛通过跟踪链接发现网页，从而获得页面 HTML 代码存入数据库，即搜索引擎蜘蛛通过一个链接发现一个网页，并将该网页加入临时库中，提取该网页中的链接，再跟踪链接下载网页，如此往复循环。

2. 预处理

蜘蛛对抓取来的网页内容要进行关键词提取、生成索引、页面 PageRank 值计算、页面关键词相关性计算等处理,以备排名程序调用,这也是搜索引擎能在极短时间内返回搜索结果的关键。

3. 输出结果

用户输入关键词后,排名程序调用索引库数据,程序自动匹配关键词,然后按一定规则生成搜索结果展示页面。正是因为前面的预处理,搜索引擎才能够在很短的时间内返回输出结果。

8.1.3 搜索引擎的发展历程

搜索引擎从诞生之日起共经历了四个阶段的发展:人工分类目录、文本分析阶段、链接分析阶段、用户行为分析阶段。

1. 第一代:人工分类目录(1997—2001 年)

人为找到互联网上高质量的网站和网页并分类罗列出来,收录的网站质量比较高,但是数量非常有限。代表性的网站有雅虎和搜狐等。图 8-1 所示即为 1999 年 1 月 25 日搜狐网的首页面。

图 8-1 人工分类目录

2. 第二代:文本分析阶段(2001—2004 年)

搜索引擎开始使用爬虫程序,主动抓取互联网上的网页,主要采取文本分析加索引排序的方法。这个阶段的搜索引擎虽然可以收录大量的网页了,但是搜索结果的质量不是很高,经常出现一些网页利用堆砌关键词的方法作弊的现象。

3. 第三代:链接分析阶段(2004—2009年)

为了修补文本分析阶段的漏洞,搜索引擎研究出了以反向链接为核心的分析算法。搜索引擎认为,每个网页的链接就好比一个投票,一般能获得越多投票的页面就越重要。所以,这个阶段的搜索引擎通过结合网页文本分析和链接分析进行页面质量判断,以此来改善搜索结果。这个阶段的代表性网站是谷歌,它使用的是 PageRank 链接分析技术。但这一阶段的问题是,为了增加外部链接,互联网上充斥了大量的垃圾站点。

4. 第四代:用户行为分析阶段(2009年到现在)

随着时间的推移,搜索引擎积累了大量的用户行为数据(点击率、跳出率、停留时间等)。于是,搜索引擎开始把判断网页质量的权利交给了用户,用户行为数据表现得好的网页更容易被判断为优质网页。比如,搜索引擎发现一个用户搜索了某个关键词进入了一个网站,如果没有多久这个用户就关闭了该网站,而去了其他网站,并且再也没有返回,那么搜索引擎就可能判断这个网站质量不高,或者与该关键词相关性不高,从而降低网站的排名。这样一来,各个网站会将主要精力花费在为用户提供优质内容,改善用户行为数据上。

8.1.4 搜索引擎的选择

搜索引擎市场竞争非常激烈,用户会选择查询结果准确、搜索速度快、信息全面的搜索引擎;而企业一般选择用户数量最多的搜索引擎来推广自己的产品。

1. 国际市场

据美国网站监测机构 StatCounter 统计,2018年全球搜索引擎市场份额排名前五的分别为 Google(谷歌)、Bing(必应)、Yahoo!(雅虎)、Baidu(百度)和 Yandex。其中 Google 以 91.65% 的市场份额遥遥领先。所以,目标市场覆盖全球的企业可以优先选择 Google 做市场推广。

除了全球的市场份额外,还要考虑当地习惯使用的搜索引擎。例如,在中国大陆地区市场份额最高的是百度,东欧和俄罗斯的搜索引擎市场领导者是 Yandex,而在日本、中国台湾等地区,除谷歌外,雅虎使用率也比较高。

2. 国内市场

目前在中国搜索引擎市场中,百度的市场份额稳居第一,并且这种情况在未来将持续一段时间。2018年中国搜索引擎市场份额排名依次为百度、神马、搜狗和360搜索。神马搜索是UC和阿里于2013年成立的合资公司推出的移动搜索引擎,主攻移动搜索市场;腾讯入股搜狗后,将微信整合到搜狗搜索中,这成为搜狗的一大优势;而360搜索借助360浏览器发展也比较迅猛。中国搜索引擎市场份额相对固定,波动幅度较小。所以,百度、神马、搜狗、360搜索是国内企业的最佳选择,此外,必应、有道等搜索引擎也可作为备选。

8.2 搜索引擎营销概述

8.2.1 搜索引擎营销的概念

搜索引擎营销(Search Engine Marketing,SEM)是指企业或个人根据潜在用户使用搜索引擎的可能方式,将企业的营销信息尽可能地传递给目标客户。简单来说,搜索引擎营销就是基于搜索引擎平台的网络营销,利用人们对搜索引擎的使用习惯,在人们检索信息的时候将信息传递给目标用户。

搜索引擎营销的基本思想是让用户发现信息,并通过点击进入网页,进一步了解所需要的信息。企业进行搜索引擎营销时所能达到的目标可划分为收录层、排名层、点击层与转化层四个层次。

(1)第一层:收录层

不是所有网页都会被收录到搜索引擎的数据库中,该层的主要目标即是在搜索引擎中获得被收录的机会,让网站中尽可能多的网页被搜索引擎收录,增加网页对搜索引擎的可见性。这是搜索引擎营销的基础,网站不能可见,后面的目标都无从实现。

(2)第二层:排名层

第二层目标是在被搜索引擎收录的基础上获得较好的排名。一般情况下,用户只关注排在前面的结果信息,当他们的搜索需求得到满足后,就不会继续浏览,排在后面的网站就失去了展现的机会。

由搜索引擎营销公司Enquiro、DiDiT以及专门研究人眼运动行为的公司Eye Tools联合开展了一项关于用户对于搜索结果注意力的研究,通过对用户观察Google搜索结果页面时眼睛的运动来确定对搜索结果内容的关注程度。调查结果发现,用户对于搜索结果页面的关注范围呈现英文字母"F"的形状,也可以描述为"金三角"现象(如图8-2所示)。这种现象证实了一个简单的问题:搜索结果中排名靠前的内容更容易受到用户的关注和点击。这个规律对于Google搜索结果右侧的关键词广告同样是适用的,只是对两种内容的点击率有所不同。

图 8-2　搜索引擎搜索结果"金三角"(F 形)

调查结论显示,位于 Google 自然搜索结果"F"顶部的信息,获得了被调查者 100% 的注意(该研究总共有 50 位被调查者),而位于最下面的信息则只获得了 20% 的注意力。表 8-1 是自然搜索结果排名前 10 位的信息受到被调查者关注的比例。

表 8-1　自然搜索结果中排名前 10 位的受关注比例

排名	被关注比例	排名	被关注比例	排名	被关注比例
第 1 位	100%	第 2 位	100%	第 3 位	100%
第 4 位	85%	第 5 位	60%	第 6 位	50%
第 7 位	50%	第 8 位	30%	第 9 位	30%
第 10 位	20%				

(3) 第三层:点击层

在搜索结果中排名靠前并不一定能增加用户的点击率,更不能保证将访问者转化为顾客。用户在搜索结果页中能看到的信息只有网页的标题和摘要(描述),所以企业需要对网页标题和摘要信息进行优化设计,增加网页对用户的吸引力。

(4) 第四层:转化层

搜索引擎营销的最高目标是将来到网站的访问者转化为真正的顾客。从访问量转化为收益是由网站的内容、产品、服务、功能等多种因素共同作用而决定的,企业不仅要对网站内容优化,让每一个网页的基本元素都符合搜索引擎规范的要求,还要充分挖掘网站内容资源,不断增加对用户有价值的网站内容。

8.2.2 搜索引擎营销的主要方法

在介绍搜索引擎营销的方法之前,先来了解搜索引擎结果项的类别。以百度为例,输入关键词"鲜花速递",如图 8-3 所示,搜索引擎结果项可以分为两种类型,带有"广告"字样的搜索结果项为关键词竞价排名广告,即商家付费给搜索引擎而实现的广告推广,一般这些广告都在搜索结果页的右边、顶部或底部;显示"百度快照"字样的结果项为自然排名的结果。

图 8-3 百度搜索引擎结果项

注意:2016 年 9 月之前,竞价广告所带字样为"推广"或"推广链接"。2016 年 9 月 1 日,《互联网广告管理暂行办法》施行,其中第七条规定:互联网广告应当具有可识别性,显著标明"广告",使消费者能够辨明其为广告。付费搜索广告应当与自然搜索结果明显区分。

搜索引擎营销可以从两方面进行,一是通过提高网站质量,贴近搜索引擎搜索规则和用户需求;二是通过提高出价,在竞价排名中脱颖而出。综上,搜索引擎营销方法可以用两个字母来概括——Q(Quality)和 P(Price),要么提高质量,要么提高出价。提高网站质量,首先要实现搜索引擎的收录,再针对搜索引擎的规范对网站及产品进行优化。

(1)搜索引擎登录

搜索引擎是用户得知新网站的主要途径,如果网站不在搜索引擎的数据库里,将很难得到展现的机会,为此,学习和掌握搜索引擎登录就显得非常重要。搜索引擎登录,也称为搜索引擎提交,搜索引擎给用户提供了收录该用户网址的入口,用户可根据相关要求输入网站地址等信息,使搜索引擎尽快发现网站。图 8-4 所示即为百度和 360 搜索的登录入口。

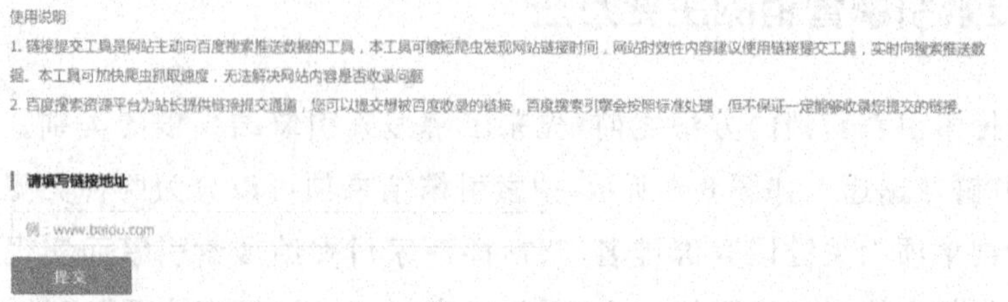

(a) 百度登录入口

(b) 360搜索登录入口

图8-4 搜索引擎登录入口

(2) 搜索引擎优化

搜索引擎优化(Search Engine Optimization，SEO)，指通过对网站内部调整优化及网站外优化，使网站满足搜索引擎收录排名需求，在搜索引擎中关键词排名提高，从而把精准用户带到网站，获得免费流量，产生直接销售或品牌推广。

SEO包含站内SEO和站外SEO两方面，站内SEO即通常所说的网站优化，包括关键词布局、内部链接的优化以及网站内容的优化等；站外SEO是脱离网站的优化，是通过外部手段对网站进行宣传，带来流量及收益。搜索引擎优化的具体内容将在8.3节呈现。

(3) 关键词广告与竞价排名

关键词广告(AdWords)，是当用户利用某一关键词进行检索时，在检索结果页面出现的与该关键词相关的广告内容。由于关键词广告是在特定关键词检索时才出现在搜索结果页面的显著位置，所以其针对性非常强，被称为性价比较高的网络推广方式。由于搜索结果的排名或在页面中出现的位置是根据客户出价的多少进行排列，故也称为竞价排名广告。

目前,竞价排名是大部分搜索引擎的盈利方式,如上文所述,搜索结果项中带有"广告"字样的即为竞价排名广告。竞价排名虽然是要付费的,却有它独特的优势:
- 按照点击付费,无点击不付费;
- 与用户检索内容高度相关;
- 用户可以自己控制点击价格和推广费用;
- 可以对用户点击情况进行统计分析。

由于 SEO 需要花费的时间和精力较大,而且搜索引擎的审核期一般较长,效果有限且不能立竿见影,所以一些商家会考虑选择竞价排名,因为竞价排名见效快、风险低、易控制,可以很好地弥补 SEO 的不足。

8.3 搜索引擎优化

根据优化内容的不同,可将搜索引擎优化分为站内优化(站内 SEO)和站外优化(站外 SEO)两大类。

8.3.1 站内 SEO

站内 SEO 指通过对网站内部调整优化,使网站在搜索引擎中的关键词排名提高,从而把精准用户带到网站,产生直接销售或品牌推广。提到 SEO,很多人会陷入误区,强调要多做外链,要堆砌关键词,要研究搜索引擎规则和算法。结果很多人这样做了,不但关键词没上升,甚至还被惩罚。

首先,我们要明白一点,搜索引擎不是公益组织,大多数搜索引擎最主要的盈利模式是竞价排名,搜索引擎之间竞争的最核心的指标就是用户量,有了用户量才能吸引商家来投放广告,所以搜索引擎的一切改进行为都是为了让自己的用户量增加,其中就包括 SEO 算法的调整。搜索引擎所追求的目标总结成一句话,就是"为用户提供最精准的优质内容",所以搜索引擎所谓的规则和算法也一定是围绕这条核心思想去设计的。

洞悉了搜索引擎的本质与规则,接下来企业的网站也要围绕"为用户提供最精准的优质内容"这一核心思想进行优化,要围绕用户的感受与需求去建设。网站内的优化大致可以分为两部分:一是网站结构调整;二是页面优化。鉴于本书篇幅和主题,就不一一详细讲解站内 SEO 的原理和方法了。

8.3.2 站外 SEO

站外 SEO,顾名思义,是指网站外部的优化,一般所理解的就是网站外部链接的建设、网站友情链接的交换、问答平台的推广等。而事实上其他与网站无关的优化都可称为站外SEO,不仅仅是外链和友链。

(1) 官网站外优化。目的依然是提升官网的权重及关键词排名。比如,给官网做外链,友情链接,点击优化等。

(2) 媒介平台优化。目的是通过权重高的媒介平台来提高关键词排名。比如,在百科、贴吧、新闻媒体、论坛、分类信息等平台,发布自己的业务或者产品相关软文等,有些是会有关键词排名的,会被潜在的用户搜索到,具有一定的推广效果。

(3) 其他站外优化,如搜索引擎下拉提示优化。搜索引擎下拉提示是指输入一个词就会出现相关的长尾词以及短句。如图8-5所示,当在百度搜索框中输入"英语"时,下拉词中出现了"英语外教网"等长尾词,用户会认为这是搜索引擎推荐的结果,或是众多网友共同选择推荐的结果,会更倾向于点击下拉推荐,并通过下拉推荐的搜索结果打开网站或了解产品,大大增加了公司、品牌、产品等在用户心中的可信度,更有利于树立企业的品牌形象。类似的,还有相关搜索优化等。

图8-5 搜索引擎下拉提示优化

8.4 关键词挖掘与选择

关键词可以帮助企业定位潜在客户,是连接企业与用户的桥梁,关键词对竞价排名与搜索引擎优化都是非常重要的。所以关键词的挖掘与选择是成功优化与顺利投放的先决条件。

8.4.1 关键词的挖掘

挖掘关键词的目的是配合主要关键词进行排名,挖掘关键词的方法主要有以下六种。

1. 核心关键词

首先可以从行业角度出发,提炼相关的关键词;然后以业务为导向进行关键词的提炼，如主要的产品名称、服务名称、品牌名称等；最后提炼本次推广的需求，如推广活动的核心词、主推的卖点关键词等。

2. 调研

企业由于非常熟悉自己所处的行业和自己的产品，在选择关键词的时候，容易想当然地觉得某些关键词是用户会搜索的，但用户的思考方式和商家不一定一样。所以在选择关键词的时候，应该做一下调查，比如问问目标客户如果要搜索这类产品，他们会用什么词来搜索。

3. 搜索引擎本身提供的信息

(1) 搜索引擎下拉提示。如图 8-6 所示，通过百度下拉框挖掘关键词。

Bai百度
英语培训　英语培训机构排行榜
百度一下
英语培训哪个机构好
英语培训机构
英语培训班要多少钱
英语培训班
反馈

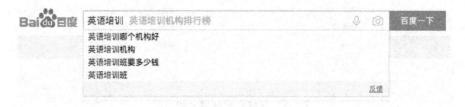

图 8-6　搜索引擎下拉提示

(2) 搜索引擎相关搜索。如图 8-7 所示，通过百度相关搜索挖掘关键词。

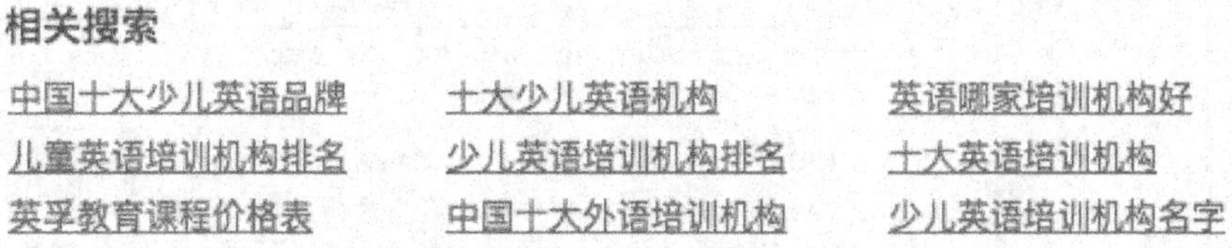

相关搜索
中国十大少儿英语品牌
十大少儿英语机构
英语哪家培训机构好
儿童英语培训机构排名
少儿英语培训机构排名
十大英语培训机构
英孚教育课程价格表
中国十大外语培训机构
少儿英语培训机构名字

图 8-7　搜索引擎相关搜索

4. 关键词研究工具

(1) 百度指数。图 8-8 所示为百度指数提供的相关词，可以通过百度指数挖掘关键词。类似的，谷歌有 Google AdWords 关键字工具等。

(2) 百度推广助手。已经购买了百度推广账号的用户可借助百度推广助手工具，挖掘关键词。图 8-9 所示为百度推广助手提供的相关词。

(3) 追词工具。互联网提供了很多关键词挖掘网站（如爱站网、Chinaz 站长工具、5118 等）和关键词挖掘工具（如追词助手等），图 8-10 所示为追词助手提供的相关词，可以通过追词工具挖掘关键词。

图 8-8　百度指数提供的相关词

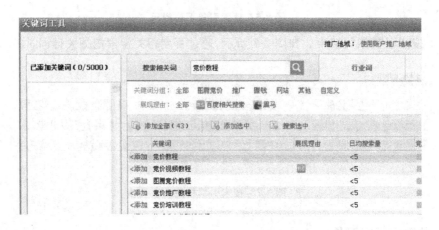

图 8-9　百度推广助手提供的相关词

5. 同行业竞争者的网站

可以去搜索引擎搜索排名前二十的同行业竞争对手网站,看他们在标题标签放了哪些关键词,使用了哪些属性分类等。也可以在阿里巴巴、天猫、京东等平台搜索关键词,再结合企业及产品等,选取企业的关键词。

图 8-10　追词助手提供的相关词

6. 其他

例如，在百度知道、知乎、天涯问答或者相关的行业论坛中搜索关键词，会发现很多用户提出的问题，而这些问题里出现的关键词很多都是与用户需求高度相关的，从而挖掘到大量关键词。

8.4.2　关键词的选择

在挖掘了大量关键词后，需要对这些关键词进行筛选，选择最重要的关键词对网页进行匹配，关键词筛选的原则如下。

（1）内容相关

目标关键词必须与网站内容或产品有相关性。一些热门关键词搜索量大，但如果和网站不相关，网站上堆砌了这类关键词，会被搜索引擎认为作弊，随时可能被惩罚甚至被封掉；而且网站需要的不仅仅是流量，更应该是有效流量，可以带来订单的流量。靠欺骗性的关键词带来访客却不能转化，对网站毫无意义。

（2）选择被搜索次数最多，竞争最小的关键词

显然，最好的关键词就是那些被用户搜索次数最多、同时竞争程度最小的。可惜现

实并不是这么理想,大部分搜索次数多的关键词竞争都比较激烈。只有通过大量细致的关键词挖掘、扩展,列出搜索次数及竞争程度数据,才能找到搜索次数相对多、竞争相对小的关键词。

研究搜索次数比较简单,百度指数、百度竞价后台等都提供搜索量数据。竞争程度的确定比较复杂,需要参考的数据较多,而且会带有比较大的不确定性。比较简单的方法是,参考各个搜索引擎在搜索结果列出的某个关键词返回的网页数(如图 8-11 所示),或者在百度竞价后台看在竞价排名广告中的广告价格。

图 8-11 搜索引擎返回的相关结果数

(3) 关键词不要太宽泛

一些通用词,如房地产、旅游、游戏等,太过宽泛,竞争激烈,要花费大量的精力与资金;而且搜索这类词的用户目的很不明确,比如搜索房地产的不一定是想买房子,所以这种词带来的流量是目标性很差的,转化为订单的可能性也很低。

(4) 核心关键词涵盖度不宜过小

如前文所说,关键词不宜太宽泛,但是为了最大可能地吸引最多的潜在用户,网站要瞄准的主要关键词涵盖度也不宜过小。太长、太特殊的词不适合作为主打关键词,否则搜索次数将大大降低,甚至没有人搜索。例如,"律师"这个词太宽泛,"北京律师"比较恰当,"北京刑事律师"可能更合适,但"北京新街口律师"就显得太特殊了。

太特殊的关键词还包括公司名称、品牌名称、产品名称等。所以,网站核心关键词既不能太长、太宽泛,也不能太短、太特殊。

(5) 站在用户角度思考

比如一些技术专用词,普通客户可能很不熟,也不会用它去搜索,但卖产品的人却觉得这些词很重要。所以在选择关键词的时候,应多站在用户角度思考。

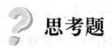 思考题

1. 搜索引擎是如何工作的?
2. 搜索引擎营销的方法有哪些?
3. 收集关键词的方法有哪些?

 **实践题**

1. 任选三个搜索引擎,输入五个相同的关键词,观察哪些平台会排在前面。
2. 通过搜索引擎,找到当下主流搜索引擎的提交入口。
3. 为自己的项目收集并筛选关键词,写出详细过程。

第 9 章 许可 E-mail 营销

　　E-mail 营销是最早的网络营销方式之一,尽管电子邮件的使用率受到微信、微博等互联网服务的影响,但到目前为止,E-mail 营销依然是网络营销信息传递的有效方式之一,也是常用的顾客服务手段之一。E-mail 营销与网络营销的其他方法相辅相成,本身又自成体系,成为一个相对完整的网络营销分支。

9.1　电子邮件概述

9.1.1　电子邮件的概念及发展

　　电子邮件又称电子信箱、电子邮箱,是一种利用计算机网络交换电子媒体信件的通信方式。通过电子邮件,用户可以以非常低廉的价格随时随地以简单快捷的方式与世界上任何一个角落的单个或多个网络用户就文字、图片、声音、视频等信息进行交换。电子邮件的格式一般为用户名@主机名。

　　1971 年秋,美国马萨诸塞联邦剑桥的博尔特·贝拉尼克·纽曼研究公司(BBN)的工程师雷·汤姆林森,通过网络把电子文档从一台计算机向另一台计算机传送,跨计算机的第一封电子邮件由此诞生。从全球电子邮件的发展历程来看,电子邮件虽然是在 20

世纪70年代发明的,但由于受限于软件和硬件的发展,电子邮件并没有得到大规模的普及和发展。20世纪80年代中期,随着个人计算机的兴起和普及,电子邮件逐渐在计算机爱好者和大学生中广泛传播。20世纪90年代中期,互联网浏览器的诞生以及全球网民人数的激增使电子邮件逐渐得到广泛使用。

在中国,1997年,丁磊创办网易,并与陈磊华一起开发了中国第一个全中文免费电子邮件系统。随后,各家网站陆续推出50 MB、100 MB乃至"无限空间"邮箱,中国网民很早便拥有了E-mail体验。随着互联网的不断发展,上网人数也不断增多,作为互联网服务中重要一员的电子邮件服务,其规模也在不断扩大。

9.1.2 垃圾邮件

还记得1994年的"律师事件"吗?这可谓是垃圾邮件的起源。什么是垃圾邮件呢?中国互联网协会对垃圾邮件(Spam)定义如下:

(1) 收件人事先没有提出要求或者同意接收的广告、电子刊物、各种形式的宣传品等宣传性的电子邮件;

(2) 收件人无法拒收的电子邮件;

(3) 隐藏发件人身份、地址、标题等信息的电子邮件;

(4) 含有虚假的信息源、发件人、路由等信息的电子邮件。

(选自《中国互联网协会反垃圾邮件规范》,http://www.isc.org.cn/hyzl/hyzl/listinfo-15601.html)。

9.1.3 邮件列表

因特网上有许许多多对某个问题感兴趣的人,这些人组成一个组,每个组有一个别名,即一个公共的电子邮件地址。任何发送到公共电子邮件地址中的邮件都会自动地邮寄到组中的每一个人,而无须知道每个人的E-mail地址。这些公共电子邮件地址的集合或各组别名的集合称为邮件列表(Mailing List)。邮件列表用于各种群体之间的信息交流和信息发布。

邮件列表有两种基本形式。

(1) 公告型:通常由一个管理者向小组中的所有成员发送信息,如电子杂志、新闻邮件等;

(2) 讨论型:所有的成员都可以向组内的其他成员发送信息。

今天被广泛使用的E-mail营销即属于公告型邮件列表营销。

网络营销策略与方法

9.2 E-mail 营销概述

9.2.1 E-mail 营销的起源

从 E-mail 诞生到将其运用于营销领域,经历了一个比较长的时期。最早的 E-mail 营销起源于垃圾邮件,最著名的事件是 1994 年的"律师事件"。两位律师花费了 20 美元的上网通信费用,却有 25 000 个客户表示出非凡的兴趣,足不出户,赚到了 10 万美元,他们的成功宣告了一个新的邮件营销时代的开始。这次事件使人们对 E-mail 营销有了系统的认识,然而这种未经用户许可而"滥发"邮件的行为并不能算是真正的 E-mail 营销。

E-mail 营销得到系统研究,是从对"未经许可的电子邮件"的研究开始的。学者们将亚利桑那州两位律师"成功地将信息以低廉的费用传送给数千万消费者"的方法称为"用户付费的促销",因为信息发送者将互联网作为直接的促销渠道向用户传递信息,却不考虑用户的意愿和为此付出的费用,与现实世界中广告商承担所有信息传递费用的方式不同,这对于用户是不公平的。因为当时用户接收和自己无关的 E-mail 要花费较长的上网时间,并且要支付昂贵的上网费用,而邮件发送者并不需要支付太多的费用。

虽然普遍的观点认为 E-mail 营销诞生于 1994 年,此后也对未经许可的 E-mail 进行了系统研究,而将 E-mail 营销概念进一步推向成熟的,是"许可 E-mail 营销"理论的诞生,此时 E-mail 营销思想才开始逐步获得认同。

"许可营销"理论最早是由营销专家赛斯·戈丁(Seth Godin)提出的。他在《许可营销》(*Permission Marketing*)一书中对许可营销进行了比较系统的研究。引用书中所言:"许可营销是通过与自愿参与者的相互交流,确保消费者对此类营销信息投入更多关注。"这一概念一经提出就受到网络营销人员的关注,并得到广泛应用。许可 E-mail 营销的有效性也已经被许多企业的实践所证实。

9.2.2 E-mail 营销的定义及分类

1. 许可 E-mail 营销的概念

E-mail 营销,也可称为 EDM(E-mail Direct Marketing)。真正意义上的 E-mail 营销应该是许可 E-mail 营销,是在用户事先许可的前提下,通过电子邮件的方式向目标用户传递有价值的信息的一种网络营销手段。许可 E-mail 营销强调了三个基本因素:基于用户许可、通过电子邮件传递信息、信息对用户有价值,三个因素缺一不可,否则都不能称为有效的 E-mail 营销。若无特殊说明,本书所述 E-mail 营销均为许可 E-mail 营销。

2. 开展 E-mail 营销的基础条件

开展 E-mail 营销需要解决三个基本问题:向哪些用户发送电子邮件、发送什么内容的邮件以及如何发送这些邮件。将 E-mail 营销这三个基本问题进一步归纳为 E-mail 营销的三大基础。

(1) E-mail 营销的技术基础

发送邮件的技术保证是开展 E-mail 营销的技术基础。通过自建或者选择其他电子邮件系统,从技术上保证用户自由、便利地加入和退出邮件列表,从功能上保证实现对用户资料的管理,以及邮件发送和效果跟踪反馈。

(2) 用户的 E-mail 地址资源

在用户许可的情况下,引导更多的用户自愿加入邮件列表,从而获得尽可能多的 E-mail 地址资源,是 E-mail 营销发挥作用的必要条件。获取用户资源是 E-mail 营销中最基础、最重要的一项长期工作。

(3) E-mail 营销的内容设计

有效的内容设计是 E-mail 营销发挥作用的重要前提和基本保障。在 E-mail 营销中,营销信息是通过电子邮件向用户发送的,邮件的内容能否引起用户的关注、对用户是否有价值直接影响 E-mail 营销的最终结果。

只有具备了上述三个基础条件,E-mail 营销才能真正开展,其营销效果才能逐步显现。

3. E-mail 营销的分类

E-mail 营销按照不同的角度和特点,可以划分出多种类型。

(1) 按照 E-mail 地址的所有权分类

潜在用户的 E-mail 地址是企业重要的营销资源,根据用户 E-mail 地址资源所有权的形式,可将 E-mail 营销分为内部 E-mail 营销和外部 E-mail 营销,或者叫内部列表 E-mail 营销和外部列表 E-mail 营销。

内部列表 E-mail 营销是一个企业或网站利用一定方式获得用户自愿注册的资料来开展的 E-mail 营销;外部列表 E-mail 营销是指利用专业 E-mail 服务商或者可以提供相关服务的专门机构提供的用户 E-mail 地址来开展的 E-mail 营销。

(2) 按照营销计划分类

根据企业的营销计划,可分为临时性 E-mail 营销和长期 E-mail 营销。前者包括不定期的产品促销、市场调查、节假日问候、新产品通知等;后者通常以企业内部注册会员资料为基础,主要包括新闻邮件、电子杂志、顾客服务等,这种营销的作用要比临时 E-mail 营销更持久,主要表现在维护顾客关系、提供顾客服务、宣传企业品牌等方面。

（3）按照 E-mail 营销的功能分类

根据 E-mail 营销的功能,可分为顾客关系 E-mail 营销、顾客服务 E-mail 营销、在线调查 E-mail 营销、产品促销 E-mail 营销等。

（4）按照 E-mail 营销资源应用方式分类

按照是否将 E-mail 营销资源用于为其他企业提供服务,E-mail 营销可分为经营型和非经营型两类。开展 E-mail 营销需要一定的营销资源,获得和维护这些资源本身也要投入相应的经营资源,当资源积累达到一定的水平,便拥有了更大的营销价值,不仅可以用于企业本身的营销,也可以通过出售邮件广告空间直接获得利益。当以经营性质为主时,E-mail 营销实际上已经是属于专业服务商的范畴了。

9.2.3 开展 E-mail 营销的一般过程

开展 E-mail 营销的过程,就是在营销目标的指导下,将有关营销信息通过电子邮件传递给目标用户的过程,一般需要经历下列五个主要步骤(更为具体的过程如图 9-1 所示)。

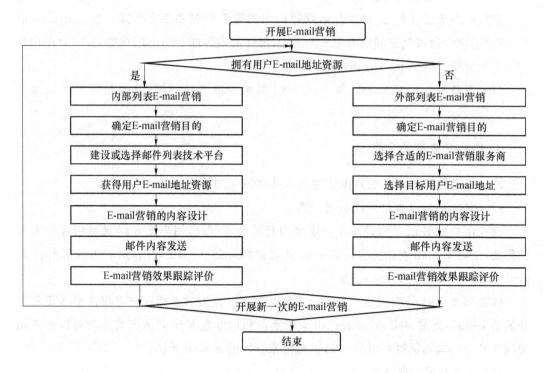

图 9-1 许可 E-mail 营销的具体过程

(1) 制订 E-mail 营销计划。企业应该结合自身当前状况,分析所拥有的 E-mail 营销资源,制订 E-mail 营销计划。

(2) 选择营销途径。根据企业的资金状况以及企业拥有的 E-mail 地址资源确定是否使用外部列表,若使用,则选择服务商。

(3) 设计邮件内容。针对内部和外部邮件列表,由企业自己或者与外部列表服务商合作设计邮件内容。

(4) 按时发送邮件。根据营销计划向潜在用户发送电子邮件。在向潜在用户发送邮件之前,应该根据营销计划确定邮件发送周期,邮件发送不能过于频繁。

(5) 及时跟踪反馈。及时跟踪 E-mail 营销活动的效果,并且适时调整自己的营销策略,营销活动结束后,对营销效果进行分析总结。

9.3 许可 E-mail 营销的策略

9.3.1 内部列表营销策略

1. 企业应用内部邮件列表的基本问题

随着企业对网络营销认识的加深和网络营销环境的进一步成熟,在进行邮件列表经营决策时,应考虑以下四个基本问题。

(1) 经营资源评估

如果已经建立了企业网站,根据网站目前的状况,通过网站访问者和现有用户、合作伙伴的推荐等方式,是否有可能获得足够多的用户?如果企业网站正在策划阶段,那么通过网站的功能定位和潜在用户分析,是否有必要建立自己的邮件列表?是否有能力开发或者租用邮件列表发行系统?是否有能力提供稳定的邮件列表内容?如果上述问题的回答是肯定的或者基本可以肯定,就应该建立自己的邮件列表。

(2) 邮件列表的期望功能

企业自身的特点不同,对邮件列表的期望是不同的。当决定建立自己的列表时,还要进一步考虑的一个问题是:期望邮件列表在哪些方面发挥作用,是用于顾客服务,还是以新产品推广为主,或者多个方面兼顾?如果暂时做不到多面兼顾,或者用户特征决定了不可能做到面面俱到,那么定位于某种或某些功能会更加现实一些。

(3) 邮件列表的类型和内容

邮件列表的功能直接影响到邮件列表的内容,反过来,邮件列表的内容和形式也会影响邮件列表的功能,两者是相辅相成的关系。如果网站拥有丰富的行业信息、产品知识、专业文章、研究报告等相对比较客观和中立的内容,那么建立一个定期发行的行业电子刊物是不错的选择;而如果未来的邮件列表内容主要是本公司新产品的信息和产品优惠措施,那么建立一个不定期发行的新产品介绍、以在线优惠券为主要内容的顾客关系邮件列表,可能是更明智的选择。

(4) 建立邮件列表的时机

积累用户资源是一项艰苦、长期的工作,如果条件许可,建立邮件列表应该是越早开始越好。一些比较重视网络营销的企业网站大部分都设有不同类型的邮件列表,但总体来说,目前能有效利用内部列表开展 E-mail 营销的企业还比较少。因此,企业应尽快建立邮件列表,不仅可以为自己创造一个营销工具,也可以为创造企业竞争优势增加一个有力的筹码。

2. E-mail 地址资源获取策略

邮件地址是许可 E-mail 营销的基础,邮件地址的数量直接影响着营销能够辐射的用户数量。在收集地址的时候,要站在用户的角度,合理设计邮件地址收集方式,收集用户许可的信息,而且要保证邮件地址的有效性,及时更新邮件列表。

(1) 赋予用户自由选择加入和退出邮寄名单的权利。让用户自由选择加入和退出邮寄名单,在方便用户的同时,更多地体现出对用户的尊重。

知识链接

常见的用户许可方式

(1) Opt-out(选择性退出)

Opt-out 电子邮件营销方式是指当企业向客户发送营销信息时,给客户一个退出继续接收信息的选择。当客户选择不再接收企业信息的时候,企业将停止给该客户发送信息。

(2) Opt-in(选择性加入)

在 Opt-in 电子邮件营销方式的活动中,企业不主动向客户发送信息,只有当客户发出明确请求时,企业才发送营销信息给客户。

(3) Double Opt-in(双重选择性加入)

这种方式建立在 Opt-in 的基础之上,当客户明确发出 Opt-in 后,电子邮件营销企业再次发出电子邮件确认函,如果客户对确认函有肯定的答复,企业才以电子邮件的形式发送客户需求的信息。

(2)选择性地收集用户信息。一项活动要求用户所填的个人信息越多,参与的用户越少。为了获得必要的用户数量,同时获得有价值的用户信息,要在方便注册和全面收集信息两个方面进行权衡,尽可能地减少涉及个人隐私的信息的收集,以及不必要的信息的收集。

思考:

哪些注册信息是必须的?名字及电子邮件地址。

(3)及时更新邮件列表。随着通信信息量的增大,消费者有时会有多个邮件地址,有些邮件地址会被消费者遗忘或者抛弃,只有及时更新邮件列表,才能避免不必要的资源浪费,也可以更好地实施营销行为。

3. 邮件内容设计策略

(1)邮件标题主题突出,内容言简意赅。主题突出的邮件标题是吸引用户的最好办法,同时以言简意赅的内容代替长篇大论,开门见山地将重要信息展示出来。

(2)邮件格式要恰当实用,对于各种文本、图片、音视频应该选择合理的格式,恰到好处地采取纯文本、超链接或附件的形式。这样才能节约顾客的时间,打消顾客的疑虑,增加顾客的好感。

(3)加深个性化服务。个性化服务是指根据顾客的注册信息以及顾客的历史购买情况或合作情况,量身定做电子邮件的内容。个性化的邮件能够拉近企业和用户的距离。

4. 客户关系维持策略

(1)明确的邮件发送计划。邮件不宜发送频率过高,也不能总在高峰期发送邮件。除了合理的发送频率之外,由于在工作时间和闲暇时间用户接收和阅读邮件的习惯有所不同,还需要选择理想的邮件发送时间。同时,还要有固定的邮件发送周期。应该有明确的邮件发送计划,不能当自己需要向用户发送信息时候才想起给用户发送邮件。

(2)合理设计退出列表的方法。退出列表的方法不可忽视,这不仅是为用户提供方便的途径,更重要的是表示对邮件接收者的尊重,从而提高用户的满意度。因此,在每一封邮件中应该合理设计退出列表的方法,使用某些条件限制用户退出营销关系是不可取的。

9.3.2 外部列表营销策略

1. 专业 E-mail 营销服务商选择策略

专业的 E-mail 营销服务商拥有大量的用户资源,具备专业的发送和跟踪技术,同时具有较高的可信度和丰富的操作经验,可以根据要求定位用户群体。总结目前国内的 E-mail 广告市场,可供选择的外部列表 E-mail 营销资源主要有:专业邮件列表服务商、专业 E-mail 营销服务商、免费电子邮箱提供商、相同定位网站的注册会员资料、电子刊物和新闻邮件服务商等。

由于外部列表 E-mail 营销资源大都掌握在各网站或者专业 E-mail 营销服务商的手中,要利用外部列表资源开展 E-mail 营销,首先要选择合适的服务商。选择专业 E-mail 营销服务商,需要在下列几个方面进行重点考察:专业 E-mail 营销服务商的可信任程度、用户数量和质量、用户定位程度、服务的专业性、费用和收费模式等。

2. 邮件内容设计策略

(1) 基本要素。外部列表许可 E-mail 营销的内容也必须具备电子邮件的基本要素,即发件人、邮件主题、邮件正文、附加信息,其中邮件主题和正文内容是核心,但发件人和附加信息对用户信任邮件的内容起到重要的辅助作用。

(2) 邮件标题与内容。邮件标题的主题要突出,邮件内容应该言简意赅,邮件格式要恰当、实用,并且结合不同的用户设计个性化服务的内容。

(3) 设计特色。由于外部列表许可 E-mail 营销的内容设计更多的是对当期营销活动进行设计,因此应当在当期营销目的的指导下,结合当期营销活动的特色,设计恰当的内容,或者委托专业服务商制作。

9.3.3 E-mail 营销技巧

1. 吸引读者打开邮件

打开邮件之前,用户只能看到发信人和邮件标题。美国知名电子邮件服务商 Return Path 公司曾调查读者打开和阅读邮件的主要原因,调查结果如表 9-1 所示。

表 9-1 读者打开和阅读邮件的主要原因

认识并信任发件人	55.9%
以前打开过发件人的 E-mail,觉得有价值	51.2%
邮件标题	41.4%
经常阅读的邮件	32.2%
邮件预览吸引了读者	21.8%
打折信息	20%
免费运货促销	17.5%

从表 9-1 中可以看出，发信人名称应尽量正式、统一、真实，而邮件标题应准确、平实、个性，同时要注意手机用户的需求，要言简意赅，尽量把关键词提前（如图 9-2 所示）。

> 发信人：爸爸妈妈网
>
> 主题：Zac, 你知道怎样让婴儿安静入睡吗？

图 9-2　发信人和标题示例

2. 邮件撰写的注意事项

邮件标题及正文中尽量少用敏感的、典型垃圾邮件常用的词汇，如英文的贷款、色情图片、伟哥、获奖、赢取等，中文的免费、促销、发票、礼物、避税、研修班、折扣等。标题中尽量少使用￥、$符号，少使用感叹号，减少使用夸张的颜色，不要完全用大写。邮件内容、标题、发件人不使用明显虚构的字符串。邮件内容应该简洁，减少使用图片，减少使用 URL。

3. 注册流程的注意事项

提醒用户把域名及邮件地址加入白名单或通讯录中，提醒用户单击"不是垃圾邮件"按钮；给用户最简单方便的退订方法，并及时处理投诉和退信。

9.4　E-mail 营销的效果评价及控制

E-mail 营销的特点之一是可以对其效果进行量化的评估，通过对一些指标的检测和分析，不仅可以评价营销活动的效果，还可以发现营销过程中的问题，以便对活动进行一定的控制。

1. 获取和保持用户资源阶段的评价指标

（1）有效用户总数

用户的 E-mail 地址资源是 E-mail 营销的基础。一般来说，企业拥有的用户 E-mail 地址在 500 个以上时才能逐渐发挥 E-mail 的营销价值，如果能维持 5 000 个以上用户的 E-mail 地址资源，那么其价值将会更加明显。而吸引尽可能多的用户加入是一项长期任务，企业不可能马上就拥有很多的用户 E-mail 地址资源，因此要耐心地积累资源。

（2）用户增长率

对于内部列表 E-mail 营销来说，企业经营时间越长，用户数量积累越多。用户数量的增长在一定程度上反映了用户对企业 E-mail 的认可。用户数量的增长可以用"用户增长率"来衡量,增长率越高,说明 E-mail 营销越有成效。尽管不断有新用户加入,但同时也会有一定数量的用户退出列表,如果增长率为负数,说明 E-mail 营销策略出现了某些问题,用户退出率超过了增长率。

(3) 用户退出率

E-mail 营销的基本原则是允许用户自愿加入或退出列表,所以一旦 E-mail 信息对用户没有价值,用户随时可以选择退出。对企业来说,用户退出率越低越好。

2. 邮件信息传递评价指标

(1) 送达率

邮件送达率显示邮件进入用户邮箱的比例。E-mail 营销是向用户发送 E-mail 信息的一种网络营销手段,邮件送达率直接影响着 E-mail 营销的效果。邮件营销的滥用导致服务器对邮件的过滤越来越严格,有些正常的邮件也有可能被视为垃圾邮件过滤掉。邮件送达率的计算公式为

$$邮件送达率=(邮件送达总数÷邮件发送总数)×100\%$$

其中,邮件送达总数由邮件自动回复系统提供。

邮件虽然到达了用户邮箱,但有可能直接进了垃圾文件夹,或者用户可能只看了标题就删除了。因此,实践中送达率是一个必须知道但实际意义却比较小的数字,真正要衡量用户看邮件的真实情况,邮件的开信率/阅读率更有意义。

(2) 退信率

订阅用户点击邮件中的退订链接后,其 E-mail 地址将从数据库中删除,E-mail 营销系统后台做相应记录。由于很多用户使用免费邮箱或者 ISP 赠送的邮箱,加上邮件服务商出于自身利益考虑对邮件列表进行屏蔽,造成邮件列表退信率不断增高。邮件退信率的计算公式为

$$邮件退信率=(邮件退信总数÷邮件发送总数)×100\%$$

邮件退信率与邮件送达率的关系为

$$邮件退信率+邮件送达率=100\%$$

退订是无法避免的,但如果退订率不正常的话,如达到 20% 以上,就必须对发送的邮件进行认真审查了。其实只要邮件内容始终保持高质量,真正对主题感兴趣的用户通常不会轻易退订。

3. 用户对信息接收过程的指标

(1) 开信率/阅读率

从邮件的开信率/阅读率可以看出邮件营销的效果。很多用户将邮件广告等同于垃

圾邮件,在不打开的情况下就直接删除。要提高开信率必须避垃圾邮件之嫌。由此可见,邮件的主题词是否有吸引力、是否有垃圾邮件之嫌、是否有针对性等都直接影响 E-mail 的开信率。另外,有些用户更换电子邮箱,但并未在邮件列表中更新,这也在很大程度上降低了 E-mail 的开信率。邮件开信率的计算公式为

$$开信率/阅读率=(邮件阅读总数\div邮件送达总数)\times 100\%$$

其中,邮件阅读总数由邮件服务系统中嵌入的点击统计系统提供。只要用户点击该邮件,系统会自动记录点击行为并进行统计分析。

(2) 删除率

用户打开邮箱后,未对收到的邮件做任何有利于企业营销的操作,直接选择了删除。如果删除率比较高,企业有必要对邮件内容及用户进行审查和分析,确定是邮件内容本身存在问题还是用户根本不可能成为其潜在用户,从而采取相应的策略,尽量降低删除率。

4. 用户回应评价指标

(1) 直接收益

直接收益往往是企业最愿意接受的 E-mail 营销评估指标,包括营业收入、利润等。企业投资网络营销的最终目的就是赢利,取得直接收益。但单纯地用直接利益多少来评估 E-mail 营销效果,既缺乏全面性,又会对企业的营销工作产生误导。

影响直接收益的因素很多,客户定位、产品是否有吸引力、价格竞争优势、交易的便捷程度、企业商务运作能力等,都会直接或间接地影响网络营销企业直接收益的高低。同时,E-mail 营销的收益周期与企业的收益计算周期不完全一致。因此,直接收益只能作为企业 E-mail 营销评估的一个重要指标,但不能作为 E-mail 营销效果评估的唯一依据。

(2) 转化率

转化的概念很广,包括网络一般受众转化为潜在用户、潜在用户转化为企业正式用户等。由于在 E-mail 营销过程中,企业一般采用针对性邮件发送方式,即通过较为准确的客户定位方式向目标用户发送邮件,把 E-mail 的接收者视同潜在用户,因此我们应更多地研究潜在用户向企业正式用户的转化,即通过 E-mail 的促进,使潜在用户转化为正式用户。客户定位的准确性、产品是否有吸引力、营销服务质量的高低等都是影响转化率的主要因素。转化率的计算公式为

$$转化率=(因邮件营销增加的用户总数\div邮件开信总数)\times 100\%$$

(3) 点击率

邮件点击率不是打开邮件,而是通过邮件访问到网站的比例。在邮件中企业不可避免地会适当推广自己的产品或服务,一般会提供一个指向自己相应网页的链接,吸引用

户点击链接来到网站。这是有效评估 E-mail 对企业营销站点或营销页面访问量增加贡献率的重要指标。其计算公式为

$$引导点击率=(引导点击次数÷邮件开信总数)×100\%$$

其中,引导点击次数由网站流量统计系统提供。同时,邮件点击率的高低直接受邮件送达率和邮件开信率的影响。其数量关系为:邮件送达率＞邮件开信率＞引导点击率。点击率可用来评估用户对邮件内容的兴趣程度,若邮件阅读率高,但点击率却很低,则需要调整邮件的内容。

(4) 转信率

邮件转信率主要用于对病毒性 E-mail 营销效果的评价。转信率是指 E-mail 受众在接到 E-mail 后,实施了多少人次的转信行为。影响转信率的因素包括客户定位、产品是否有吸引力、E-mail 质量的好坏、转信方式的便捷性等。转信率的计算公式为

$$转信率=(转信人次总数÷邮件开信总数)×100\%$$

以上涉及的是可以量化的 E-mail 评估指标,多数企业希望将 E-mail 营销的效果进行量化评估。但是,E-mail 营销的效果是广泛的,除了能产生直接反应外,利用 E-mail 还可以有其他方面的作用,如客户关系维持、企业形象树立、品牌推广等。因此,还需要建立定性的评价指标,用来评估 E-mail 营销所具有的潜在价值,如对增强整体竞争优势方面的价值、对顾客关系和顾客服务的价值、在行业内所产生的影响等。在实际应用中,企业最好采取定性与定量相结合的方式,进行 E-mail 营销效果的综合评价。

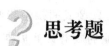

思考题

1. 请举例说明如何有效地获得目标客户的 E-mail 地址。
2. 内部列表 E-mail 营销和外部列表 E-mail 营销各有什么优缺点?
3. 许可 E-mail 营销有哪些评价指标?

实践题

1. 为自己小组的项目策划许可 E-mail 营销,并详细写出具体过程。
2. 请自拟主题,为小组的许可 E-mail 营销项目制订内容计划。
3. 根据本章介绍的营销技巧,针对目标客户撰写三封邮件,要写明发件人、邮件标题和邮件内容。

第 10 章
SNS 营销

10.1 SNS 概述

1. SNS 的含义

SNS 有两层含义,广义的 SNS 指社会性网络服务(Social Networking Service);狭义的 SNS 指社交网站(Social Network Site)。

先来解读广义的 SNS(即社会性网络服务)。社会的成员是人,社会性网络服务就是人的网络服务,而人的网络就是人与人之间的圈子和关系,所以社会性网络服务是指为人的圈子和关系提供服务的各类平台,我们日常所用的微信朋友圈、微博、QQ 等都属于社会性网络服务。

狭义的 SNS(即社交网站),指依据六度分割理论建立的网站,帮助我们运营朋友圈。知名的 SNS 如早期的开心网、人人网、搜狐白社会等。

2. SNS 关系的分类

美国社会学家格兰诺维特(Mark Granovetter)认为人际关系网络可以分为强关系(Strong Ties)、弱关系(Weak Ties)和无关系(Absent Ties)三种,其由四个尺度来衡量:关系的维持时间、情感强度、亲密程度以及互惠行动。关系密切的称为强关系,关系疏远的称为弱关系,没有实质意义的关系称为无关系。

依据这个理论,为了更好地理解,这里将社会关系划分为强关系、弱关系和泛关系,而服务于这些关系的平台,就是强关系平台、弱关系平台和泛关系平台。强关系即关系较为密切的人群,如亲人、伴侣、朋友、同事等,提供强关系服务的平台如大家熟悉的微信、QQ等。弱关系,即关系不密切的人群,如陌生人,提供弱关系服务的平台,如论坛、贴吧、百度知道及知乎这类问答推广平台等。泛关系(即中间关系),包括熟人,也包括一些不太熟的朋友,如朋友的朋友、网络红人、畅销书作者、企业大佬、偶像明星等,提供泛关系服务的平台如SNS网站(社交网站)、微博等。

格兰诺维特在人际关系基础上提出了一个结论,信息的传播主要依靠弱关系——或者换句话说,信息主要是通过关系疏远的人传播的。一个人的亲朋好友圈子里的人可能相互认识,因此,在这样的圈子中,他人提供的交流信息总是冗余的。比如,我从这个朋友或亲戚处听到的,可能早已经在另一个朋友那里听说了。相反,弱关系连接指目前和你沟通和互动较少的同学、亲友或合作伙伴,各自生活、工作的圈子不同,信息呈现多元化,彼此了解到的事物也是不同的。所以,当人们想要了解一个新领域、寻找一份新工作、获得新的商业机会或新信息时,弱关系连接可能更有价值。

邓巴数定律 Dunbar's number(150定律)

英国人类学家罗宾·邓巴(Robin Dunbar)在20世纪90年代依照人的大脑皮层处理能力和限制推断出,一个人维持紧密人际关系的人数上限是150人。这个数量包含彼此很熟悉的人,如亲戚、朋友、同事和合作伙伴等。他的研究同时指出,在我们的联系人当中,其中约20%是强关系连接,80%是弱关系连接。

10.2 弱关系平台营销

10.2.1 论坛营销

以论坛、贴吧等网络交流平台为渠道,以文字、图片、视频等为主要表现形式,以提升品牌、口碑、美誉度等为目的,通过发布帖子的方式进行推广的活动叫作论坛营销或论坛推广。

1. 论坛的起源与历史

论坛又名电子公告板(Bulletin Board System,BBS),是 Internet 上的一种电子信息服务系统,其提供一块公共电子白板使每个已注册的用户都可以在上面发布信息或提出看法。BBS 按不同的主题、子主题分成很多个栏目,使用者可以阅读他人关于某个主题的最新看法,也可以将自己的想法毫无保留地贴到公告栏中。BBS 站是免费开放的,打破了空间、时间的限制,参与的人可以随时随地与其他人进行任何问题的探讨。

- 1978 年,在美国芝加哥开发出第一套 BBS 系统;1984 年,第一套 BBS 程序 FIDO 诞生,可以在 FidoNet(惠多网)实现自动互传信息的功能。FidoNet 是一个很简易的 BBS,可以说是现代论坛的鼻祖了。腾讯马化腾、网易丁磊、金山求伯君都是惠多网 BBS 的早期用户。
- 1991 年,北京罗依架设第一个 BBS 站点——"中国长城站",成为按照 FidoNet 体系建设的最早的 BBS 交换系统。
- 1994 年,国家智能计算机研究开发中心开通"曙光"BBS,这是中国大陆第一个互联网 BBS。
- 1995 年,是 BBS 历史上的里程碑。清华大学的"水木清华"等站点纷纷成立;同年,马化腾建立深圳站区。
- 1996 年,求伯君在珠海架起了"西线"BBS 站,雷军在北京架起了"西点"BBS 站,广州一家叫飞捷的 ISP 提供 BBS 服务,"四通利方"论坛成立。
- 1997 年,猫扑成立,网易 BBS 上线;同年,在四通利方论坛的体育沙龙版,老榕的一篇《大连金州没有眼泪》引起轰动,并被《南方周末》全文刊登,此事使人们第一次感到论坛的力量和影响,时任版主是后来出任新浪执行副总裁、新浪网总编辑、小米公司副总裁、一点资讯总裁的陈彤,老榕后来也创办了电子商务网站 8848。
- 1998 年,"响马"(刘琥)在南京创办了"西祠胡同"。
- 1999 年,"天涯"上线,并陆续捧红了慕容雪村、宁财神、十年砍柴、当年明月等诸多网络红人。
- 2003 年,百度贴吧上线。

2. 论坛的特点

微博、微信、抖音等社交产品的出现,给论坛带来了一定的冲击,但是天涯社区、虎扑社区、铁血社区、百度贴吧等论坛依然大有市场,这也与论坛所具备的特点有关。

(1) 开放性

每个用户都可以读取和讨论论坛中的信息,也可以发布信息或提出看法;论坛话题同样具有开放性，几乎企业所有的营销诉求都可以通过论坛传播得到有效的实现。

(2) 高人气

虽然受到各种新媒体的冲击，部分论坛和社区仍然拥有较高人气，如天涯社区，截至 2018 年 9 月，注册用户已超过一亿三千万。

(3) 成本低

在论坛发帖成本基本为零，论坛营销经济投入较小，考量的是操作者对话题的把握能力与创意能力。

(4) 信息传播精准度高

论坛几乎涵盖了人们生活的各个方面，几乎每一个人都可以找到自己感兴趣或者需要了解的专题性论坛或论坛频道。例如，虎扑社区以 NBA、CBA、足球、中超、电竞等话题为主；铁血社区聚集了大批军事迷；天涯社区涵盖了娱乐八卦、法制、经济、情感等 60 个主版、100 个副版、100 个城市版块。论坛非常细致的分类使得论坛营销的针对性非常强，企业可以针对自己的产品在相应论坛版块中发帖，也可以为了引起更大的回响而在各大论坛中广泛发帖。

(5) 可信度高

在论坛中，口碑宣传影响力较大，由于关注同一个论坛的人基本都是对同一个内容有共同兴趣的网友，这些拥有共同兴趣的网友的推荐可以使人除去防卫心理，更容易接受企业的产品。

3. 论坛营销经典案例

论坛营销就是企业利用论坛平台，宣传企业品牌，加深市场认知度。下面通过几个案例来分析开展论坛营销的过程与方法。

先来看看下面几个论坛帖子的题目，有没有令你动心想点击的。

- 快来看看女人最想要的男人
- 喷饭，刚见三大 CEO 集体撞衫（图）
- 惊叹：107 道工序的衬衫做成了这样（图）
- 奢侈服装廉价后：买 800 送 1000 元
- 帮我看看 188～6581 元的衬衫区别到底在哪里

这是哪一个品牌当年所做的论坛营销的题目？现在揭晓答案——VANCL。

VANCL（凡客诚品，如图 10-1 所示），由卓越网创始人陈年创办于 2007 年，产品涵盖男装、女装、童装、鞋等多类产品。2007 年 10 月 18 日，在《读者》第一次投放广告，官方网站正式上线;2008年2月,投放互联网广告,占据中国互联网营销领先位置;2009年9月,艾瑞咨询发布《2009—2010年中国服装网络购物研究报告》,VANCL以28.4%的市场份额,在自主销售式服装B2C网站中排名第一。在凡客诚品当年的成功中,论坛营销功不可没。

图10-1　VANCL(凡客诚品)的广告

凡客诚品通过话题的系列炒作使人们了解并关注它,表10-1所示为2007年11月1—7日VANCL论坛营销的标题示例)。

表10-1　VANCL论坛营销标题示例(2007年11月1—7日)

序号	论坛名称	版块名称	发布日期	简要标题	浏览量
1	百度贴吧	男女吧	11月1日	快来看看女人最想要的男人	4 521
2	天涯社区	魅力女人	11月1日	快来看看女人最想要的男人	3 501
3	新浪论坛	IT业界	11月3号	喷饭,刚见三大CEO集体撞衫(图)	4 389
4	新浪论坛	生活一点通	11月3号	惊叹:107道工序的衬衫做成了这样(图)	908
5	新浪论坛	打折购物	11月3号	奢侈服装廉价后:买800送1000元	906
6	QQ论坛	男人帮	11月3号	帮我看看188~6581元的衬衫区别到底在哪里	120
7	新浪论坛	休闲大杂烩	11月5号	喷饭,刚见三大CEO集体撞衫(图)	211

【案例2】

2009年7月16日上午,一名IP地址为"222.94.255.*"的匿名网友在百度"魔兽世界"贴吧里发布了一则帖子,帖中没有内容,只有"RT"("如题")两个字母,如图10-2所示。

图10-2　贾君鹏事件原帖

五六个小时内该帖被390 617名网友浏览，引来超过1.7万条回复，帖子火速蹿红，以至于跟帖"尾页只是个传说"，被网友称为"网络奇迹"。该匿名帖子的标题名为"贾君鹏你妈妈喊你回家吃饭"，其后有网友在帖子内随意回复了几句："快回去吃饭，你妈妈拿皮带站家门口呢。""你妈妈说你再不回去，喊你爸爸把网吧砸了。"

之后自6楼"贾君鹏"开始，众多凑热闹的网友纷纷开启了角色扮演模式，贾君鹏、贾君鹏本人、妈妈、爸爸、姥爷、爷爷、奶奶、女儿、保镖、老师……甚至连贾君鹏家的小狗都"注册"了贴吧ID，回帖与大家进行互动。

贾君鹏：我今天不回去吃饭。我现在在网吧吃饭呢。你帮我给妈妈说一下。

贾君鹏女友：鹏鹏，回来吧，你妈答应我们的事情了。回来吃饭吧，不吵你了。

贾君鹏妈妈：还不回来吃饭，等下你回来就跪洗衣板。

贾君鹏同学：贾君鹏在我家玩呢，他说不回家了。

贾君鹏女儿：我爸爸说不回家吃饭了，你们烦不烦啊，一直说。

……

围观网友大呼"户口本上的人都来了"。随着楼层的增多，帖子逐渐从角色扮演转变为抢楼大狂欢，吧友沉浸在刷楼的乐趣中无法自拔。无论当时还是现在看来都是一篇单纯的水帖，但就是这么一个帖子却意外受到了广大吧友的追捧，让贾君鹏这个似乎凭空生出的名字迅速走红网络。

让我们先回顾一下当时的背景：自从第九城市结束对魔兽四年的代理运营后，"魔兽世界"被网易抢到了代理权。让网易措手不及的是，国家新闻出版总署重新对魔兽进行了审批，导致了网易一直无法开服务器，于是魔兽在中国的百万玩家只好在各个论坛上漫无目的地闲逛,然后抱怨。为了减轻魔兽玩家的无聊感,策划者决定制造一个热点讨论事件,引发玩家的关注热情。谁也没有料到,一次炒作引爆了网络沉寂的激情。

(来自:https://www.sohu.com/a/209239267_165158 搜狐网)

4. 如何开展论坛营销

成功不能复制,但可以借鉴。从以上两个案例入手总结一下论坛营销的营销过程及营销技巧。

(1) 确定目标用户,选择合适论坛

首先,确定企业的目标客户人群,分析他们的性别、年龄、地域、阶层、喜好等,进而根据目标人群的统计特征,选择人气高、适合的论坛或频道。例如在案例1中,凡客诚品POLO衫的主要目标人群为年轻白领男性及为他们置装打扮的女性,所以其当时选择的版块为男性喜欢浏览的"IT业界""男人帮",以及女性喜欢浏览的"魅力女人""生活一点通""打折购物"等,目标定位清晰明确。

(2) 帖子的策划

一则帖子包括标题、主帖、回帖三大部分,一则成功的帖子则需要具备有吸引力的标题、能引起兴趣且不留广告痕迹的主帖内容和积极互动的回帖。

- 标题。案例1中的标题对目标人群来说都极具吸引力,并且针对不同论坛、不同版块策划了不同的题目,颇费苦心。
- 主帖内容。论坛管理员会删除带有明显广告色彩的帖子,网友对广告帖也非常反感,因此,如何不露痕迹地抓住网民的心是论坛营销的关键。主帖内容需要专业的软文策划,并可适当借助热点事件,将企业的品牌、产品、活动等内容融入事件中,进行事件营销。
- 回帖。无论主帖标题多么引人入胜、内容多么精彩,也具有一定的时效性,热点过了,帖子即会置后,所以帖子的跟踪维护非常必要。要强调互动,可适当从反面角度辩驳,挑起争论,"炒热"帖子。此要点从案例2中可见一斑。

10.2.2 问答推广与网络知识营销

问答推广是知识营销的一部分,因此,将知识营销一并介绍。知识营销是通过有效的知识传播方法和途径,将企业所拥有的对用户有价值的知识传递给潜在用户,并逐渐形成对企业品牌和产品的认知,将潜在用户最终转化为用户的过程和各种营销行为。目前知识营销主要有问答推广、百科推广、知识辅助推广与知识付费四大类。

1. 问答推广

问答推广指利用问答网站这种网络应用平台,以回答用户问题或模拟用户问答的形式进行宣传,从而达到提升品牌知名度、促进产品销售等目的的活动。目前比较知名的问答平台有百度知道、知乎、悟空问答等,这些平台通过用户之间提问与解答的方式来提升用户黏性,企业可以利用这类平台,通过问答的形式传递产品、品牌信息,扩大产品知名度,提升产品形象。

问答推广之所以被大家认同和广泛使用,主要因为其具有以下三个特点。

(1) SEM 效果好

由于问答类平台权重都比较高,往往能在搜索引擎中获得比较好的排名,所以问答类网站是 SEM 的重要辅助手段之一。

如图 10-3 所示,剔除关键词广告,在搜索"问答推广"的结果项中,百度知道排在第一位。

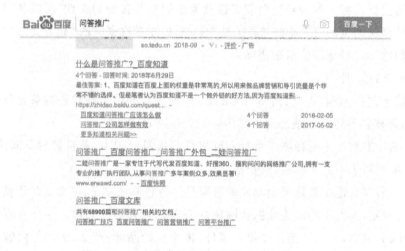

图 10-3　百度搜索结果页(截图于 2018 年 12 月)

(2) 精准

通过问答类网站寻求帮助和找答案的用户,往往都是对相关问题所涉及的领域感兴趣或有需求的。例如,想知道"如何减肥"的人,基本上都是想给自己或身边的朋友寻求减肥方法的。所以通过问答推广吸引来的用户,精准度比较高。精准度高就意味着转化率高、效果好。

(3) 可信度高

在问答平台中,用户与用户之间互动与互助,这其中不夹杂任何的利益关系,完全是普通用户之间的观点和经验交流,所以产生的信息可信度高,也更容易在用户中间形成口碑效应。

2. 百科推广

百科推广指利用百科网站,以建立词条的形式进行宣传,从而达到提升品牌知名度和企业形象等目的的活动。主流的百科有百度百科、互动百度、腾讯百科等,其中以百度百科的市场占有率最高。百科推广的特点主要体现在以下三个方面。

（1）辅助 SEM

在百度搜索各种名词（包括人名、企业名、产品名、概念术语等）时就会发现，往往排在搜索引擎结果页第一位的，都是百科网站中该词条的页面。

（2）提升权威性

互联网上的百科网站，源于现实中的百科全书。而在传统观念中，能被百科全书收录的内容一定是权威的。而这种观念也同样延伸到了互联网上，大部分用户都认为百科收录的内容比较权威。

（3）提升企业形象

随着互联网的普及，许多人在接触到陌生事物时，会先到互联网上进行检索。例如，与一家陌生的公司接触洽谈时，会先上网搜索该公司的背景、实力、口碑、信任度等。而如果公司能被百科收录，就会大大提升企业形象，增加客户对企业的信任感。

3. 知识辅助推广

企业可通过在网站设置栏目，或建立微信公众号，专门向用户普及相关知识，从而提升企业的专业形象，树立企业在该领域的权威性。例如，早年间柯达网站大篇幅的内容是摄影知识讲解，吸引了大量粉丝进而转化成了忠实客户；强生、亨氏等婴幼儿产品网站都设置了孕期及哺乳期百科、专家问答、宝宝菜谱等内容来塑造行业专家形象。

4. 知识付费

知识付费的本质就是把知识变成产品或服务，以实现商业价值。2016 年被称为知识付费元年，在这一年，知乎、果壳（在行分答）、喜马拉雅 FM、得到及其他知识付费平台相继出现，知识付费用户迅速增长，知识付费产品面临井喷。知识付费有利于人们高效筛选信息，付费的同时也激励优质内容的生产。

10.3 泛关系平台营销

10.3.1 SNS

1. 六度分隔理论与 SNS 网站

1967 年，哈佛大学的心理学教授斯坦利·米尔格兰姆（Stanley Milgram）创立了六度分隔理论，即"你与任何一个陌生人之间所间隔的人不会超过六个，也就是说，最多通过六个人你就能够认识任何一个陌生人"。按照六度分隔理论,每个个体的社交圈都不断放大,最后成为一个大型网络。SNS即是基于六度分隔理论,通过"熟人的熟人"来进行网络社交拓展。SNS也可称为社区网站,社区网站就是一个在网络上的小社会。

2004年2月,哈佛大学学生马克·扎克伯格(Mark Zuckerberg)创建了Facebook网站,同年6月接受美国《时代》杂志采访的时候,他说:"我们是在做一个帮助人们维护和拓展社交关系的工具和平台,我们是在做社交图景(Social Graph)。"

Facebook一开始局限于大学生群体,提倡实名注册和真实社交,向社会开放之后,也一直坚持这一原则。这种以实名注册为"结点"、以真实社交为"纽带"的社会化网络正塑造着一种全新的社交图景,改变着人们的交往方式。

而Facebook的个人档案、好友管理、隐私设置、私人信箱、即时通知、群组管理和附加应用等各种功能,成为人们管理自己社交关系的有效工具,你不必单独在电子邮件里发信件,不必单独去BBS里去泡论坛,不必单独去个人相册里发照片,原来彼此无关的工具都被Facebook整合起来,成为一站式的交流沟通工具。

2. SNS的分类

(1) 校园类。活跃度较高,真实性也最高。早期的SNS如校友录(Chinaren.com)、Facebook都起源于校园类SNS。

(2) 商务类。这类SNS主要用于工作交流、招聘、商务交流等,如人和网(renhe.cn)等。

(3) 娱乐类。这类SNS以在线游戏、个性化娱乐休闲内容为主。例如,开心网曾以朋友买卖、争车位、偷菜等娱乐互动吸引了大量用户。

(4) 学习类。鼓励用户共同学习、积极交流。例如,豆瓣网以读书、电影、音乐的评论推荐为主,吸引了一大批忠实的用户。

(5) 购物导向类。以购物分享为主,并逐渐对人们购物产生影响,如蘑菇街、美丽说、小红书等。

(6) 婚恋交友类。以成熟、目的性强、寻求真实婚恋关系的用户为核心,将线上线下的业务相结合,赢利方式比较明朗,以百合网、世纪佳缘、珍爱网为代表。

(7) 垂直类。这类SNS就是面向某个领域的SNS。例如,驴友录主要面向驴友、自助游爱好者,聚友网主要面向音乐人等。

3. SNS营销的方法

(1) SNS基础推广。在SNS中创建并维护企业或品牌账号,也可以是管理者账号,如罗永浩曾经在人人网注册账号推广锤子手机。

(2) 为目标受众群定制显示广告。例如,必胜客曾长期在人人网登录页刊登针对学生的打折广告(如图10-4所示),因为早期人人网的定位以学生群体为主。

图10-4　必胜客在人人网首页上的广告

(3) 与社交游戏场景融合的植入广告,如开心网中的乐事薯片工厂、爱情公寓网中植入的星巴克广告(如图10-5所示)。

图10-5　爱情公寓网中的星巴克植入广告

(4) 与线下结合的营销。例如,人人网与麦当劳曾合作推出"见面吧"活动,提倡年轻人的真实社交,将约会地点改在麦当劳。

(5) 利用口碑传播的体验型广告。例如,51.com与百事可乐的年度创意网上活动,参加活动的人提交自己的照片,由公众投票,得票数最高的前几名,就可把照片印在百事可乐的包装上。该活动最终有133万人报名参加,总投票数2亿,投票人数1 480万。

（6）其他类型广告。例如,通过在 SNS 上添加应用的形式推广自己的品牌,翼虎网曾通过在人人网添加 PS 视频教程推广自己的网站。

10.3.2 博客

【案例3】

国际:2008 年美国总统大选时,奥巴马的竞争者之一希拉里通过自己的博客发表了竞选宣言,并且不断通过博客这一窗口展示自己的政见和观点。选民可以在她的博客下发表看法,希拉里的团队则会选择好的博客文章放在首页进行推广。而善于学习的奥巴马则通过博客为自己鲜明地树立起清新、年轻、锐意进取的候选人形象,拉近了选民与自己的距离,更具亲和力和竞争力。无论是希拉里还是奥巴马,都生动演绎了博客在总统竞选广告战中的重要性。

国内:2006 年,AMD 签约知名博主徐静蕾(博客名:老徐),将 AMD 的品牌信息嵌入到徐静蕾博客之上。

微博、微信公众号、简书、今日头条等新媒体的出现,撼动了博客曾经的地位,但博客仍是一些人坚守的阵地,同时博客是互联网发展史上非常重要的一笔,这里对博客进行简单的介绍。

1. 博客概述

博客(Web Log)英文简称为 Blog,中文意思是"网络日志",是一种十分简易的个人信息发布方式,可通过评论等形式实现作者与读者的交流。"博客"有时也指写 Blog 的人(Blogger)。美国人 Jorn Barger 于 1997 年提出博客这个名称,那时候互联网上的博客网站屈指可数。直到 2001 年,在著名的"9·11"事件中,博客成为重要的新闻之源,从此一炮而红、步入主流。

2002 年,方兴东将博客引进中国,并建立起了中国第一家博客网站——"博客中国",由此开启了中国的博客时代。

2. 博客适用情况

（1）没有自己网站的企业、组织或个人。若自身没有条件建立网站,但又想在网络上拥有一个展示和宣传的平台,博客曾是热门选择。即便在微博、微信公众号盛行的今天,凭借易于操作、费用低廉等特点,博客仍然被很多人作为辅助工具。

(2) 本身有限制的网站。比如对于企业网站,本身的内容固定,没有多少内容可更新,但是又想通过大量的内容从搜索引擎获取流量,这时就可通过博客来辅助。通过建立博客从搜索引擎吸引流量,然后再导向网站。

(3) 辅助 SEO/SEM。很多 SEO 从业者建立博客,主要是为了增加外部链接,以此来提升网站的权重及关键词排名。也有一部分是为了辅助 SEM,比如在搜索某些关键词时,在结果页中依然会有不少博客排在前面。

(4) 提升品牌。若能将博客打造成名博,那对品牌的提升也是一大助力。

3. 博客营销

企业或个人利用博客这种网络应用平台,通过博文等形式进行宣传展示,从而达到提升品牌知名度、促进产品销售等目的的活动,即称为博客营销或博客推广。

博客营销可以通过以下形式进行。

(1) 借助第三方平台。可在搜索引擎权重高的各大博客平台建立博客,如新浪博客等,这些平台操作简单,成本低廉。还可根据自己的时间和精力选择博客的数量。

(2) 自建博客。可购买独立域名和空间,通过博客程序搭建独立博客。同时可以在其他平台上建立镜像博客,辅助主博客的推广。这种形式可不受第三方博客平台的控制,但对企业的技术能力要求较高。

10.3.3 微博

在"两微一端"(微博、微信、客户端)等新媒体的引领下,移动社交化的传播格局逐步形成。微博作为以信息发布、互动交流为主的社交媒体平台,兼具社交属性与媒体属性,在拥有庞大用户的基础之上,成为巨大的流量入口。

1. 什么是微博

微博(MicroBlog),即微型博客。最早、最著名的微博是美国的 Twitter,于 2006 年 3 月以 140 字符的短消息形式拉开序幕。Twitter 是一种鸟叫声,创始人认为鸟叫是短、频、快的,符合网站的内涵,因此选择了 Twitter 作为网站名称。2007 年,中国本土的微博服务商开始涌现,最早的微博产品如饭否、叽歪等相继诞生,但在 2009 年年中又被相继关停。随后,中国微博重新崛起,相继涌现出一批新的微博网站:新浪微博、腾讯微博、搜狐微博、网易微博等,其中于2009年8月开始公测的新浪微博发展最快,随后在中国微博领域处于绝对领先地位。2014年3月,新浪微博更名为"微博",2016年11月,取消发布器的140字限制,改为少于2 000字。

随着微博在社会众多领域中的渗透,它逐渐改变着人们的信息获取方式、社会交往方式和生活方式,并在众多公共事件中影响了公众舆论。

2. 微博的特点

思考:

有论坛、QQ、博客等珠玉在前,微博借助什么增加用户黏性和活跃度?

除小巧、轻便等属性外,微博以下特征尤为突出。

(1) 资讯。微博时代,人们不再是被动的信息接收者,更多的人利用这一平台扮演了信息传播者的角色。在面对新闻事件时,很多人都选择了微博现场直播的方式,及时的更新效果、庞大的转载数量和聚集的高关注度,使微博成为重要的资讯平台。

(2) 社交。微博可以关注、评论和私信,在微信出现之前,微博私信一定程度上可取代QQ等即时通信工具,满足了人们基本的社交需求。

(3) 明星效应。新浪微博上线不到一周的时间里,就制定了名人战略的目标和任务。明星们在微博上演自己的生活秀,满足了网民们追星的心理,在一定程度上提高了用户的参与性。

3. 微博运营策略

(1) 定位策略

定位指企业以何种形象出现在微博上。企业微博定位是针对微博粉丝的心智战争,它的目的是确定企业微博的运营价值和方向,准确的企业微博定位能够使企业微博在众多微博中脱颖而出。首先要明确的是企业开设微博的目的——界定微博的价值是销售产品、做好品牌推广、聆听粉丝声音还是影响粉丝认知。明确目的后,在此基础上展开微博运营,发布微博内容,发起微博活动,吸引目标粉丝群,形成企业在微博上的影响力,做到利益最大化。微博定位要注重产品或者服务对于人的使用价值、情感价值、时尚价值等方面的价值挖掘。

微博账号主要分为个人微博账号和机构微博账号两大类。个人微博主要分为生活类和信息聚众类等。

- 生活类。生活类微博多用于发布或转发一些生活中的琐碎之事,是一种记录与分享个人生活和观点的表达方式。

第10章　SNS营销

- 信息聚众类。信息聚众类微博具有杂志、媒体相关功能,主要发布和转发自身所在行业的各种信息,具备信息发布及时和定位鲜明等特征。

企业微博主要分为信息展示类、微博电商类、品牌传播类、客户服务类、危机公关类等。

- 信息展示类。有些企业通过开设微博来展示企业相关信息,利用微博宣扬企业文化,展示品牌形象,进行产品、活动推广等,进而与用户近距离接触。
- 微博电商类。有些企业利用微博用户量多、用户在线时间长等特点直接对微博用户进行产品推荐销售,在促进交易的同时还能吸引大量的潜在用户。比较典型的有@小米手机,微博地址:http://weibo.com/xiaomishouji。
- 品牌传播类。微博的部分媒体属性也为企业品牌传播提供了良好的环境,不少企业微博通过图文内容展示来宣传其品牌理念,黏住品牌粉丝的同时也在吸引围观粉丝,如@可口可乐,微博地址:http://weibo.com/icokeclub。
- 客户服务类。不少消费者会利用微博这个公共开放平台来表达自己的诉求,对企业的产品或服务提出疑问或改进意见、进行售后投诉等。因此,企业可通过开设专门的微博账号和消费者建立良好的互动关系,通过微博做好客服和售后服务工作。
- 危机公关类。在企业商务活动中,公共服务是必不可少的环节,有些企业通过开设微博向用户提供公共服务,微博信息发布快、传播广、信息到达率高等特点非常适合于企业公关。例如,2013年"肉毒杆菌门"事件全面爆发时,多个奶粉品牌包括多美滋涉及其中,影响巨大,多美滋随后建立"多美滋1 000日计划"微博账号,化危机为宣传机会。其微博地址:http://weibo.com/dumex1000day。

【案例4】

"飞常准"是飞友科技做的一个App,它能帮助旅客跟踪航班,提供延误智能预报。乘机、接机、送机的旅客和民航业内人士可以通过"飞常准"网页和移动客户端查看国内所有航班的实时状态信息和精准的地图信息,提前了解影响航班准点的各种情况,获得航班起飞、到达、延误、取消、返航、备降六大类航班状态实时通报。

用户还可以在"飞常准"客户端上定制个性化飞行计划,总结个人飞行记录。

飞常准公司定位:为民航旅客和粉丝提供航班动态数据。

@飞常准微博定位:微博粉丝可通过@飞常准获取城市实时航班动态。

(2) 微博装修策略

企业微博主页是直接展示企业形象的平台,可以从以下几个方面着手进行设计。

① 微博模板应美观、一致。

② 微博头像是在微博主页左上角用于标识微博主题信息的图片。公司 Logo 为微博头像的首选,与企业视觉识别(Visual Identity,VI)系统吻合,浏览者一眼就能识别其品牌,以加深用户对品牌的印象。职能机构可以根据职能来制作微博头像,如中国平安客服部的微博头像为戴着耳麦、笑容甜美的小姑娘,使人感到亲切,也可根据头像想到其微博职能。

③ 微博昵称是指微博中的名字。企业有一个辨识度高、有代表性的昵称,才能为建立微博平台做好铺垫,故而昵称的设置非常重要。

④ 微博认证。微博认证是指认证的用户通过身份真实性审核后,微博昵称旁边会出现"V"标识,企业微博为蓝 V,个人微博为橙 V。

⑤ 焦点区。焦点区主要用来放置焦点图片和焦点视频,可用于展示企业的产品、动态、活动等信息。

⑥ 公告栏/粉丝服务。企业微博公告栏可用来对企业的业务进行介绍,也可用来对品牌理念、企业产品、阶段性活动等进行介绍宣传。

以小米公司为例,其不同产品有不同的微博账号,且分别使用相应的头像以及微博昵称;同时无论企业账号还是个人账号均申请了认证,形成了较为全面的微博矩阵(如图 10-6 所示)。

图 10-6　小米公司的微博矩阵

(3) 内容策略

微博营销"内容为王",每一个微博用户后面,都是一位消费者。企业微博究竟应该发什么内容?如何制作内容和安排时间?内容管理上又有什么样的技巧?我们来看几个案例。

【案例5】

图10-7 雕爷与雕爷牛腩官方微博

雕爷牛腩在正式营业前搞了一个月的封测期,只有受邀请的人才能来吃。受了邀请的,往往会发微博或者微信说说自己的消费体验。于是,各路明星、达人、微博大号们纷纷在微博上发布试吃感受,最高曾引发网友4.5万次转发,成为当天微博热门话题。

一方面是微博高关注度,另一方面封测期不让普通用户进入,这种神秘感引发的消费欲望便会在开业后爆发,这次微博营销达到了较好的营销效果。

关键词:封测(吸引、创意)＋内容

【案例6】

2011年6月23日,北京瓢泼大雨,杜蕾斯的一条微博成为当天热点话题(如图10-8所示)。

17:58,首发微博;18:15,新浪微博一小时热门榜中杜蕾斯的话题以1 000多条把雨灾最严重的积水潭甩在身后成为第一名,这条内容也牢牢占据了6月23日新浪微博转发排行的第一名。

关键词：创意+热点

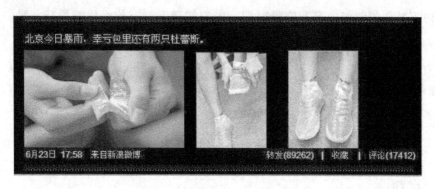

图 10-8　杜蕾斯的热搜微博

【案例7】

"极速达"是京东推出的一项付费增值服务（每单运费49元），3个小时内将商品送至指定的地址。2013年双十一前，京东在微博上放出了"极速达"的宣传海报，以幽默夸张的方式表现了京东的物流是多么迅速，宣传其"极速达"配送服务。除了重口味的画风之外，最后一张"亲爱的，你慢慢飞"中的画面貌似在讽刺阿里巴巴菜鸟物流的速度，颇具挑衅意味（如图10-9所示），此举引发了网友热议及转发，掀起了一波讨论热潮。

关键词：冲突

图 10-9　京东"极速达"热点微博

【案例8】

加多宝的悲情营销（如图10-10所示）

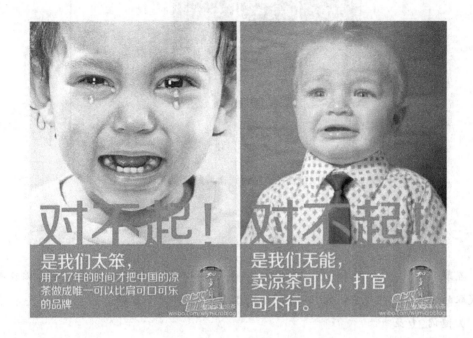

图 10-10　加多宝的悲情营销

当时的热点事件是法院判决加多宝公司不能使用王老吉品牌了。王老吉凉茶与加多宝凉茶直接成为竞争关系。如果换名危机处理不好，加多宝将面临营销灾难。但是这场悲情微博营销，则很好地处理了危机，最重要的是，利用同理心和同情心构建了良好关系——信任。

关键词：情感＋共情

【案例9】

小米公司的微博90％的内容都是在进行活动互动，这些活动吸引了大量粉丝的关注与参与，如图10-11所示。

关键词：活动 ＋ 互动

图 10-11 小米公司微博的活动互动

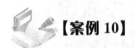

互联网时代,人们的学习意愿也越来越强烈,一些专业性强的微博也成为网民们知识获取的形式,像 36 氪(如图 10-12 所示)、丁香医生、博物杂志等。

关键词:专业

图 10-12 36 氪官方微博

明星等公众人物往往需要微博这个公众平台来展示自己的工作与生活,微博也是明星与粉丝互动的重要平台。鹿晗在 2012 年 9 月 10 日转发自曼彻斯特联队球迷俱乐部的微博共获得了一亿多条的评论,刷新了吉尼斯世界纪录(如图 10-13 所示)。

艾瑞咨询发布的《2018 年中国青年人兴趣社交白皮书》显示 21 岁及以下的青年人群体的追星情况显示,近 89% 的年轻社交用户追星,79.6% 的人愿意积极为偶像应援打榜或投票,约 50.3% 的追星族愿意购买偶像代言的产品。所以明星微博也是企业营销产品的重要阵地。

关键词：名人效应

图 10-13　鹿晗刷新吉尼斯世界纪录的微博

知识链接

KOL 营销

KOL（Key Opinion Leader），即关键意见领袖。KOL 是指在人际传播网络中经常为他人提供信息、意见、评论，并对他人施加影响的"活跃分子"，是大众传播效果形成过程的中介或过滤的环节。

KOL 营销，就是通过那些在特定领域拥有影响力的人物，让自己的品牌、产品和受众建立联系，并且保持互动。如果运作良好，这种营销可以给推广计划带来可信度，增强品牌属性，获得潜在客户。

微博 KOL 可以分为以下两类。

（1）草根 KOL。这些账号因为内容聚集了一些志趣相投的粉丝，传播力很强，如回忆专用小马甲、冷笑话精选等。

（2）名人明星 KOL。这类账号具有较高的知名度，其博主很多为圈内红人或者意见领袖，如李开复、姚晨，他们粉丝数量巨大。

综上，人气高的微博内容往往是具有吸引力的，产生吸引力的原因可能是情感、知识、名人效应、利益等多个因素。同时可以根据微博的内容选择合适的发布时间，一般来说,信息类的内容适合早上发布,休闲娱乐类的内容适合下午发布,互动性的内容适合晚上发布。

(4) 互动策略

企业微博内容规划好后需要吸引粉丝关注和参与,除了多发微博提高微博活跃度外,还可多与粉丝互动,建立良好的关系,增强微博亲和力,进一步提高微博账号质量。常见的微博互动方式包括转发抽奖、抢楼活动等,如图10-14所示。

图 10-14　微博中常见的转发抽奖活动

微博互动主要分为常规互动和高级互动两类。常规互动主要包括转发、评论、私信、@、留言板等互动,而高级互动主要是基于检索和有创意的内容让粉丝自发传播互动。

① 常规互动。

- 转发微博。粉丝在浏览微博时,对微博内容产生认同、异议或希望分享观点时可能会转发微博并发表看法,或将内容@给希望分享的人。企业微博在收到粉丝的相关反馈后,可以做出相关回应。
- 评论。粉丝通常会对感兴趣的微博内容进行点评。企业微博在收到评论后,可以对评论进行回复。一般比较随意化的评论,可以做礼节性的回复。若粉丝发出询问、补充、总结类的评论,可以就微博内容与其进行进一步的探讨。
- 私信。企业在处理私信互动时,应及时、对等、闭环(保证私信所提及的问题完全解决)。
- @互动。当企业微博收到粉丝的@后,可以与其进行简单的互动,回应相关诉求,与粉丝建立良性的持续互动。

② 高级互动,如关键词互动、内容互动(话题、微讨论等)、热点互动、活动互动、矩阵

互动等。
- 关键词互动。企业可根据品牌名、产品名、产品功能、企业领导人、行业关键词、竞品、诉求产品等确定企业微博关键词,定期通过社会化管理软件监测或人工监测搜索的方式进行搜索,查看包含这些关键词的微博,并选择性地进行互动。
- 内容互动。在日常的微博中,可通过微博文案的设计,鼓励粉丝主动互动,如发起一个讨论或微博投票等。
- 热点互动。大多数粉丝会关注每天的微博热点及其延伸出来的微博话题,企业可据此制作微博热点内容吸引粉丝关注,比如在微博内容中结合行业热点、节气节日、社会热点、微博名人等让粉丝互动。微博热点容易在短时间内引起关注,而且新浪微博后台也会将热点话题和延伸内容进行推广,增加品牌曝光度。
- 活动互动。企业微博也可阶段性发布互动形式的活动微博来调动粉丝的积极性,帮助企业微博在短时间内引爆传播,沉淀品牌粉丝。
- 矩阵互动。企业微博在日常互动中还可以建立全方位的矩阵互动,调动企业高管、业内媒体、铁杆粉丝、公司员工参与互动;还可以建立蓝V联盟进行友好互动,共同扩大微博营销力。

(5) 组织策略

企业开通微博后,要制定微博战略以实现其推广目标,组织专业团队进行微博运营推广,将专业性人才配置到合适的微博管理作业岗位上,并进行适当的人员培训与人员考核。

(6) 危机策略

社会化媒体平台给网友带了更多的发声窗口,观点表达更自由,信息传播也更为迅速。网友普遍存在的猎奇、跟风心理会加深爆炸性新闻和负面新闻的传播广度和传播深度,此现象在微博上表现尤甚。社交媒体时代,如果企业出现了危机,处理稍有偏差就会带来极为恶劣的影响。

微博危机管理要遵守以下原则。

① 未雨绸缪原则:建立品牌危机预警系统。企业应对可能出现的情况,比如高层离职、诉讼、媒体负面报道等制订相应的计划和工作流程,一旦出现问题,迅速按预案应对。

② 快速反应原则:建立快速危机反应机制。快速反应能最大限度地为减少危机对品牌的破坏赢得宝贵的时间,这种快速反应机制来源于品牌危机预警系统的支持。

③ 主动出击原则:直面危机。主动性是一种处理问题的积极态度,表明企业的诚意和决心。企业必须要主动出击阻断、控制危机蔓延、扩散的速度、范围,有效控制局势,挽救品牌生命,为重塑品牌形象、度过危机奠定基础。

④ 诚意真实原则:开诚布公。在危机发生时,消费者、公众和媒体作为主要的涉及对象,均要求企业有一个认真负责、换位思考、积极沟通的态度,同时也希望了解危机事件

发生的原因、过程、结果等信息。一旦这些要求得不到满足,将会使危机进一步升级,也会导致各种负面消息、猜测甚至是以讹传讹。

⑤ 重视客户利益原则:始终以消费者利益为出发点。在保证消费者利益的前提下,企业的品牌才能在危机事件中获得消费者、公众的认可。

⑥ 统一口径原则。要做到三个统一:指挥协调统一、宣传解释统一、行动步骤统一。无序状态只能造成更大的混乱,使局势恶化;反复无常的信息只会让公众的质疑和猜测加重。

⑦ 全员参与原则。企业全体员工都是企业信誉、品牌的创建者、保护者、巩固者,当危机来临时,他们不是旁观者,而是参与者。提高危机透明度,让员工了解品牌危机处理过程并参与品牌危机处理,不仅可以发挥其宣传作用,还可以使公众通过全员参与,重新树立对企业及品牌的信心。

10.4 强关系平台营销

10.4.1 IM 营销

1. IM 的概念

IM 为英文 Instant Messaging 的缩写,译为即时通信。目前国内常见的 IM 工具包括腾讯 QQ、阿里旺旺、微信等。

IM 在中国网民中的使用率很高,截至 2018 年 6 月,我国即时通信网民规模已达 7.56 亿,使用率为 94.4%,在各应用中增长率位列第一,尤其以移动端的发展最为迅速,手机即时通信网民规模为 7.50 亿,使用率为 95.2%,网民规模增长率和使用率均超过即时通信整体水平。手机上网的进一步普及,尤其是智能终端的推广,以及手机聊天工具的创新,使得即时通信成为中国网民第一应用。

2. IM 的历史

1996 年,以色列的三个年轻人维斯格、瓦迪和高德芬格聚在一起决定开发一种软件,充分利用互联网即时交流的特点,来实现人与人之间快速直接的交流,于是国际互联网上出现了第一款 IM 软件,它的名字为"ICQ",即"I SEEK YOU(我找你)",并且在极短的时间内风靡全球。

1997 年,马化腾接触到 ICQ,亲身感受到了 ICQ 的魅力,但也看到了它的局限性:一是英文界面,二是在使用操作上有相当的难度,这使得ICQ虽然在国内使用也比较广,但始终不能普及,大多限于"网虫"级的高手中。于是马化腾和他的伙伴们在ICQ基础上开发了"OICQ"(Opening I Seek You),即QQ的前身。2003年,IM开始火爆,使用人数剧增。

其实新浪在这个领域也可以说是先行者,早在1999年,新浪就推出了一款IM工具,叫Sinapager,当时这款工具的功能应该说已经很强大了,比腾讯的QQ毫不逊色,而且当时用户群并不少,只是新浪当时没有那么专注于IM领域上。

3. IM的分类

(1) 通用型IM。如QQ、MSN、Skype等,这类IM应用范围广,使用人数多,并且捆绑服务多,如邮箱、游戏、博客等。应用人数多,使得用户之间建立的好友关系组成一张庞大的关系网,用户对其依赖性较大。

(2) 专用型IM。这类IM应用于专门的平台和客户群体,如阿里旺旺主要应用于淘宝、口碑等阿里公司下属网站,移动飞信则主要用于移动用户之间等。这类IM工具与固有平台结合比较紧密,拥有相对稳定的用户群体,在功能方面专用性、特殊性较强,但由于应用人主要是自身平台的使用者,所以在应用范围、用户总量方面有一定限制,适用于有稳定客户群体和专业平台,并且有相当实力的大企业。

(3) 嵌入型IM。这类IM一般嵌入在网页中,不需要安装客户端软件,直接通过浏览器就能实现沟通。这类软件适合企业网站使用,配备特定的客服人员满足用户需求,是传统客服、客服热线功能的延伸和拓展。

4. IM在营销中的基本应用

IM营销也称为即时通信营销,是企业借助各类即时通信工具推广产品和品牌的一种手段,其常用的主要服务形式是企业网站在线交流和即时广告等。

(1) 客户服务。随着顾客对在线咨询要求的提高,许多顾客希望得到即时回复。企业网站一般会提供即时通信工具,借助该工具,企业可以实现与客户零距离、无延迟、全方位的沟通,既可以与客户保持密切联系,促进良好关系,也可以有效促进销售,实现商务目的。

(2) 开拓新客户。潜在的客户如果对产品或者服务感兴趣,便会主动和在线的商家联系。同时,企业也可以通过即时通信工具发布一些产品信息、促销信息,或者可以通过图片发布一些网友喜闻乐见的表情,达到推广产品和企业品牌的目的,借此吸引新客户。

(3) 广告。IM软件同时也是一个媒体平台,企业可在IM的热点区域发布广告推广自己的产品和品牌。

(4) 病毒营销。即时通信可以作为一种病毒营销信息的传播工具。例如,一些有趣的笑话、经典的情感故事、节日祝福、Flash等都可以成为病毒营销的载体,而即时通信工具则成为这些信息的传播工具。通过用户之间的相互转发,即时信息工具在病毒营销传播中发挥了积极作用。

可口可乐与腾讯联手的"奥运火炬传递"

可口可乐与腾讯联手的"奥运火炬传递"是一次成功的通过IM工具完成的病毒营销(如图10-15所示),人们自发自愿地在QQ上传递火炬。截至2008年3月31日20时19分,有8 271 004人参加了这一活动。

图10-15 可口可乐与腾讯联手的"奥运火炬传递"

5. IM营销服务的缺陷

虽然即时通信工具在网络营销服务中有许多独特的优点,但同时也存在如下一些问题。

(1)传递大量信息或者一对多信息有困难。并不是任何信息都适合实时交流,如有大量内容的信息、促销信息等,如果采用实时信息的方式,必然给接收者带来麻烦,因此有时还需要借助其他工具来承担这些任务。

(2)群发信息容易收到指责。从技术上可以做到同时向多个用户发送即时消息,事实上也有一些企业和个人在利用这种方式开展网络营销,如利用QQ群发信息等。但由于会对接收者造成干扰,这种方法很容易受到指责,严重者将会被起诉,总体效果并不理想。

(3) 即时通信传递信息不够规范。在商务活动中,通过这种实时聊天的形式进行信息交换显得不正规,也不便于对交流信息进行分类管理。同时还存在信息安全方面的隐患,用即时通信方式所发出的邀约和承诺目前还无法被确认为有效的合同,当出现纠纷时受损失一方难以提出有效的证据。因此,在正规的商业活动中,即时通信还不能代替E-mail等其他比较规范的电子信息传递方式。

10.4.2 微信营销

1. 微信的发展历程

微信是腾讯公司于2011年1月21日推出的一款通过网络快速发送语音短信、视频、图片和文字,支持多人群聊的手机聊天软件。随着技术的不断发展,微信所能为用户带来的功能和服务,已渐渐超出基本的通信功能。这里简单回顾一下微信的发展历程。

- 2011年1月21日,微信1.0版本发布,只有免费短信功能及图片发送功能。
- 2011年5月10日,微信2.0版本发布,加入语音功能。
- 2011年8月3日,微信2.5版本发布,可查看附近的人,可用手机号注册。
- 2011年8月,微信用户数突破1 500万。
- 2011年10月1日,微信3.0版本发布,加入了摇一摇功能。
- 2011年11月,微信用户数超过3 000万。
- 2011年12月20日,微信3.5版本发布,支持二维码和动态表情包。
- 2011年底,微信用户数突破5 000万。
- 2012年4月19日,微信4.0版本中正式推出朋友圈,用户可以在朋友圈晒图、发布状态,微信开始深耕用户的留存,而这也标志着微信从一个基础的移动通信工具向社交平台的过渡。
- 2012年7月19日,微信4.2版本发布,加入视频聊天,推出微信网页版。
- 2013年2月5日,微信4.5版本发布,实现多人实时语音。
- 2013年8月5日,微信5.0版本发布,增加了游戏中心、表情商店、银行卡绑定,标志着微信进入了新的历程,加入了支付、游戏阵营。
- 2014年1月6日,微信接入嘀嘀打车;2014年1月26日,微信5.2版本发布,银行卡接入生活服务……
- 2014年9月30日,微信6.0版本之后陆续推出小视频和红包功能等。至此微信已经成为中国互联网用户重要的在线社交产品和信息平台之一。

- 2018年春节期间,微信在全球月活跃用户数已经突破10亿,这些数据充分说明了微信的巨大发展潜力,其庞大的用户量与强大的应用能力,为企业创造了无限的营销机会。

2. 微信公众号

微信公众平台上线于2012年8月底,2013年8月分成订阅号和服务号,2014年9月新增了企业号,2017年1月9日,小程序正式上线。

(1)订阅号:主要偏重于为用户传达资讯(类似报纸、杂志),认证前后都是每天只可以群发1条消息。

(2)服务号:主要偏重于服务交互(类似银行、114等提供服务查询),认证前后都是每个月可群发4条消息。

(3)企业号:主要用于公司内部通信使用,需要先验证身份才可以关注成功企业号。

(4)小程序:是一种不需下载、即时使用、无须卸载、用完即走的应用,比App更加灵活。

其中,订阅号和服务号是对外推广,而企业号是对内推广。下面重点介绍订阅号与服务号的区别。

第一,发送频率。订阅号每天可推送1条消息,而服务号每个月仅可推送4条消息。

第二,提供功能。服务号提供了更多、更强大的功能,如多客服在线服务等,订阅号的功能相对简单;尤其是通过微信认证后的服务号功能非常全面,包含了微信支付等功能。

第三,消息位置。订阅号收拢至订阅号文件夹,不强制推送;服务号消息仍展示在聊天列表下,发消息将即时提醒用户。

可以看出,四类微信公众号的定位也各不相同,订阅号的定位是传播,服务号的定位是服务,企业号的定位是方便内部管理和沟通,类似于企业OA(协同办公软件),小程序的定位是应用。图10-16所示为订阅号、服务号、企业号和小程序示例。

3. 微信营销

微信的活跃用户数量已超过10亿,微信营销日益受到企业的重视。常见的微信营销方法主要有以下几种。

(1)推广微信公众号

由于时代的发展,生活节奏的加快,用户利用完整的时间进行深度阅读的时间越来越少,而微信朋友圈则为人们在碎片化的时间获得信息、阅读提供了便利。人们在等车时、排队时,刷刷朋友圈,看看微信公众号,便可了解到当下的热门信息。企业可以通过微信公众号推广商业信息。

图 10-16　微信公众号示例

(2) 信息流广告

2015 年年初,朋友圈首次出现"宝马""可口可乐"和"VIVO 智能手机"信息流广告(如图 10-17 所示),引发了众多网友的关注和业界的热议。朋友圈作为主要广告载体而备受关注。

图 10-17　微信朋友圈中的第一个信息流广告

2015 年 8 月,朋友圈广告官方网站正式上线并公开合作流程,按曝光次数收费,曝光单价由广告投放地域决定,并且放宽了金额等级,最低投放金额为 20 万元。

(3) H5 创意营销

H5 是第 5 代 HTML 的简称,它是一种高级网页技术,是一系列制作网页互动效果的技术集合,也是目前最受欢迎的网页编程语言。各种 H5 游戏和专题页在 2014 年下半年集中爆发。H5 开发成本低廉,具有强大的互动呈现形式、巨大的游戏功能且能兼容视频和音频,造就了其在移动端优秀的表现,成功抓住了用户的眼球。从早期的"围住神经猫"到 2017 年人民日报推送的"穿上军装"(如图 10-18 所示),H5 持续引爆朋友圈。

图 10-18　H5 创意营销

2016 年 4 月 12 日,微信发布了《微信外部链接内容管理规范》,严格限制了在微信朋友圈上传播的内容,其中包括禁止 H5 游戏,H5 遭遇到了前所未有的阻力,H5 营销难度加大,但优质的 H5 营销传播给品牌带来的有效转化仍不容小觑。

(4) 利用微信其他功能营销

- **二维码**:企业可以设定自己品牌的二维码,用折扣和优惠来吸引用户关注,开拓 O2O 营销模式。
- **附近的人**:企业点击"查看附近的人"后,可以根据自己的地理位置查找到周围的微信用户,然后根据地理位置将相应的促销信息推送给附近用户,进行精准投放,图 10-19 所示为一家便利店通过"查看附近的人"功能向附近用户发送促销信息。
- **漂流瓶**:利用微信的"漂流瓶"功能传递商业信息。例如,招商银行的爱心漂流瓶活动,活动期间,微信用户用"漂流瓶"功能捡到招商银行的漂流瓶,回复之后招商银行便会通过"小积分,微慈善"平台为自闭症儿童提供帮助(如图 10-20 所示)。

应用"附近的人""漂流瓶"进行营销的成功案例并不算多,且微信已于 2018 年 12 月 1 日暂停了漂流瓶功能。

(5) 微商与微店

微商是基于移动互联网的空间,以社交软件为工具,以人为中心,社交为纽带的新商业。简言之,凡是在社交平台卖商品的商业模式,都属于微商,如在微信朋友圈、微博、QQ 平台发布商品信息等。

第10章　SNS营销

图 10-19　附近的人——K5 便利店新店

图 10-20　招商银行的爱心漂流瓶活动

微店是帮助卖家在手机端开店的软件。微店是移动端的新型产物,任何人可通过手机号码注册开通自己的店铺,通过一键分享到 SNS 平台来宣传自己的店铺并促成交易,这大大降低了开店的门槛。苏宁、国美均鼓励员工开设微店。

越来越多的个人及小微企业开始做微商、开微店。2019 年 1 月 1 日,《中华人民共和国电子商务法》正式实施,微商纳入电商经营者范畴,消费者维权有法可依。

4. 公众号的运营

微信公众号的出现,大大降低了媒体生产和传播成本,为企业的宣传和营销提供了更方便的途径。企业微信公众号的运营应重点从定位、内容、用户三个角度出发。

(1) 定位

微信公众号的定位应该结合企业自身的特点,同时又从用户的角度去着想,而不能一味地只推送企业自己的内容。微信公众号不是为企业服务的,而是为用户服务的,用户只有从微信当中获得想要的东西,才会关注,进而推荐。

(2) 内容策略

从新榜对 2018 年微信公众号的排名情况来看(如图 10-21 所示),用户喜欢的公众号往往具备如下特点。

- 权威、有深度的新闻内容。微博微信的快速发展,让人人都是媒体,但粗制滥造的同质内容也无处不在,对比之下,人民日报、央视新闻、新华社等传统资深媒体的反应速度、报道形态、切入角度都更胜一筹。
- 优质的知识性内容。在经济、科技都高速发展的时代,人们对知识的渴求也日益强烈。在2018年微信公众号排行榜的前100名中,学习类的内容占据了一大半,有精于点评国际局势的占豪、致力于传播科技的果壳等。
- 具有工具性的内容。能解决人们日常学习、工作、生活上的一些问题,如卡娃微卡和天天炫拍可以建立电子音乐相册。
- 引起共情的内容。人们在工作之余的碎片化时间也比较愿意阅读能引起情感共鸣的内容,如爱讲幽默冷笑话的公众号冷兔、擅长用漫画吐槽星座的同道大叔等。

	公众号	发布	总阅读数 头条/平均/最高	总点赞数	新榜指数
1	人民日报 rmrbwx	3569/8154	8.1亿+ / 3.5亿+ / 10万+ / 10万+	9474万+	1049.5
2	新华社 xinhuashefabu1	3417/7242	7亿+ / 3.3亿+ / 97,494 / 10万+	2867万+	1040.1
3	央视新闻 cctvnewscenter	3302/6576	6.1亿+ / 3.2亿+ / 92,966 / 10万+	1954万+	1032.9
4	人民网 people_rmw	1943/5444	4.1亿+ / 1.8亿+ / 76,013 / 10万+	491万+	1010.5
5	环球时报 hqsbwx	1748/6813	3.8亿+ / 1.5亿+ / 55,817 / 10万+	702万+	1005.2
6	参考消息 ckxwx	1773/6486	3.5亿+ / 1.5亿+ / 54,302 / 10万+	452万+	1000.6
7	占豪 zhanhao668	362/2880	2.8亿+ / 3617万+ / 98,467 / 10万+	2986万+	998.8
8	上海发布 shanghaifabu	1610/4821	3亿+ / 1.4亿+ / 62,330 / 10万+	252万+	993.8
9	十点读书 duhaoshu	365/2920	2.9亿+ / 3650万+ / 99,982 / 10万+	1587万+	988.2
10	有书 youshucc	365/2920	2.9亿+ / 3650万+ / 99,905 / 10万+	999万+	986.9

图 10-21 新榜发布的 2018 年微信公众号排行榜

(3) 用户策略

粉丝自带两个驱动点,即利益驱动和情感驱动,如何精准地戳中粉丝的痛点则是用户留存的关键所在。

- 常见的利益驱动有提供平台优惠权益共享的免费服务,提供新品试用服务,提供整合的、创意的、独特的产品服务。例如,使用饿了么订餐之后,可以分享红包链接给亲朋好友,别人通过点击我们分享的链接,就能够领取一个红包,当然我们也有所收益。
- 情感驱动则侧重于制作能产生情感共鸣的活动或内容让粉丝乐于参与和分享。

比如微信内容新潮,创意十足,让粉丝情不自禁分享;微信活动趣味好玩,粉丝愿意参与互动;同时也可通过微信将有相同爱好的人聚集起来,营造圈子感,并组织活动让大家参与。

通过粉丝忠诚计划将服务、利益、沟通、情感等因素进行整合,为他们提供独一无二的具有较高认知价值的利益组合,从而与他们建立起基于感情和信任的长久关系。

微信不只是IM工具,它是IM、社交平台、生活服务平台的综合体。QQ也不只是IM工具,其QQ秀、QQ空间、QQ游戏等也是集IM+SNS+娱乐于一身的平台。与微信相比,QQ娱乐性更强一些,更受年轻人喜爱。在熟人社交领域,QQ和微信两款即时通信产品分别朝不同方向发展,其中,QQ专注于迎合年轻用户的娱乐导向特色功能,通过信息流服务锁定年轻用户的娱乐导向信息需求;微信则通过持续提升小程序的功能性,将用户与零售、电商、生活服务、政务民生等线上线下服务进行连接。

思考题

1. 给出下列英文缩写的中文含义:SNS、IM、SEM。
2. SNS包括哪些分类?
3. 简述论坛营销的流程。
4. 网络知识营销有哪些形式?
5. 解释"六度分隔理论",并举出两个例子。
6. SNS网站的类别与营销方法有哪些?
7. 微博营销的六大策略是什么?
8. 利用微信营销的方法有哪些?

实践题

1. 登录天涯、虎扑、铁血等知名论坛,总结论坛营销的方法。
2. 为自己的项目策划论坛营销,包括应选择哪些论坛,针对该论坛撰写帖子的题目和内容,并写明维护计划。要求详细陈述理由。
3. 从微博六大策略出发,为自己的项目策划微博营销,要求写出详细过程。
4. 为自己的项目开通微信公众号,发表相关文章,并进行大力推广。

第 11 章
新媒体营销

11.1 新媒体概述

1. 新媒体的含义

"新媒体"是一个相对的概念,是在报刊、广播、电视等传统媒体之后发展起来的新的媒体形态。一般来说,除传统媒体外,互联网媒体中的门户网站、搜索引擎、电子邮件出现时间较早,也不能算作是新媒体。新媒体是新的技术支撑体系下出现的新的媒体形态,如微博、微信、视频网站、App 等。还有一种狭义的说法,新媒体特指"两微一端",即微博、微信和新闻客户端。

从中国互联网络信息中心发布的第 42 次统计报告来看,网络新闻、网络视频、网络音乐、网络游戏、网络文学这些新媒体的使用率在日渐提高(如表 11-1 所示)。

表 11-1 2017 年 12 月—2018 年 6 月中国网民各类互联网应用的使用率

应用	2017 年 12 月		2018 年 6 月		半年增长率
	用户规模(万)	网民使用率	用户规模(万)	网民使用率	
即时通信	72 023	93.3%	75 583	94.3%	4.9%
搜索引擎	63 956	82.8%	65 688	81.9%	2.7%

续 表

应用	2017年12月		2018年6月		半年增长率
	用户规模（万）	网民使用率	用户规模（万）	网民使用率	
网络新闻	64 689	83.8%	66 285	82.7%	2.5%
网络视频	57 892	75.0%	60 906	76.0%	5.2%
网络音乐	54 809	71.0%	55 482	69.2%	1.2%
网上支付	53 110	68.8%	56 893	71.0%	7.1%
网络购物	53 332	69.1%	56 892	71.0%	6.7%
网络游戏	44 161	57.2%	48 552	60.6%	9.9%
网上银行	39 911	51.7%	41 715	52.0%	4.5%
网络文学	37 774	48.9%	40 595	50.6%	7.5%

2. 新媒体的类型

按照广义的新媒体的概念，可将新媒体划分为 SNS 类、资讯类、视频类、游戏类及其他类，如图 11-1 所示。SNS 类中的微博、微信在第 10 章已经介绍，本章不再赘述。

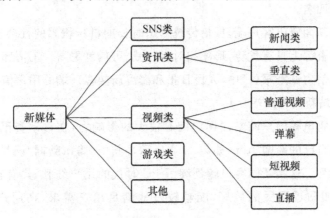

图 11-1 新媒体的分类

11.2 资讯类新媒体

近几年，伴随着移动互联网的高速发展和移动设备的快速升级，新媒体日益崛起，人们不再满足于传统门户、传统纸媒等固定渠道带来的资讯信息，移动客户端的资讯信息受到越来越多人的欢迎。从资讯内容来看，资讯类新媒体客户端可分为新闻类和垂直类。

11.2.1 资讯类新媒体的分类

1. 新闻类资讯客户端

截至 2018 年 6 月,我国网络新闻用户规模为 6.63 亿,网民使用比例为 82.7%。其中,手机网络新闻用户规模达到 6.31 亿。新闻类客户端是指专门提供新闻资讯服务的移动端第三方应用程序,用户可以在 App 商店下载并安装,以此获取服务。新闻类客户端发展至今,数量繁多,类型不一,下面对其分类进行简要介绍。

(1) 传统媒体新闻类客户端

传统媒体依托自身的资源,通过编辑、加工形成适合进行移动传播的新闻内容,利用 App 进行扩散和推广。例如,《人民日报》《南方周末》《环球时报》《参考消息》《央视新闻》等知名传统媒体都纷纷推出新闻 App,截至 2017 年第四季度,央视新闻、人民日报、新华报业和上海报业集团旗下打造的《澎湃新闻》客户端用户黏性指数在传统媒体类手机新闻客户端中分列前四名。

传统媒体的新闻资讯客户端,凭借传统形态时长期耕耘积累的社会价值和品牌价值在优质新闻内容资源上具有优势,形象相对更权威、可信度更高。工信部发布的《2017 年中国网络媒体公信力调查报告》中,人民日报和澎湃新闻客户端的用户信任度遥遥领先。

(2) 门户网站新闻客户端

网易、搜狐、腾讯等门户网站在国内拥有很大的影响力,在移动资讯时代,这些门户网站也纷纷推出自己的新闻 App,如图 11-2 所示。其中,腾讯新闻、网易新闻、搜狐新闻的下载量均居前列。这类新闻客户端延续了 PC 时代的用户红利,具有较高的社会化传播技巧,内容更加贴近网民的偏好,能够较好地满足用户需求,在用户体验方面相对完善。

图 11-2 门户网站新闻客户端

(3) 聚合类新闻客户端

这类新闻客户端通过数据挖掘来算出用户可能感兴趣的内容及最有价值的新闻,并进行推送。代表有今日头条、一点资讯、ZAKER 等,如图 11-3 所示。

图 11-3 聚合类新闻客户端

在大数据技术的支持下,根据用户兴趣自动进行内容的个性化推荐,灵活度高,信息整合能力强,发展速度快。其中,今日头条上线 6 年,累计用户达到 7 亿多,市场估值高达 1 800 亿元,连续几年在资讯类 App 下载量和用户活跃度排行榜上位居前两位,已成为炙手可热的新闻类客户端。

2. 垂直类资讯客户端

区别于以上涵盖各种内容的新闻平台,垂直类资讯专注于某一垂直领域,比如专注于科技类资讯的 36 氪、专注于娱乐类资讯的橘子娱乐、专注于财经类资讯的和讯财经等,如图 11-4 所示。

图 11-4 垂直类资讯客户端

11.2.2 资讯类客户端的运营模式

当前,资讯类客户端主要采用 UGC、PGC、OGC、AAC 等运营模式。

(1) UGC(User Generated Content,用户生产内容),主要是通过激励用户生产内容,任何一个用户都可以在平台上创造内容,如论坛、微博、YouTube 等视频网站、抖音等短视频网站都主要采用 UGC 模式。在新闻类客户端,腾讯补贴 2 亿元吸引优质自媒体人到企鹅媒体平台创作;今日头条召开头条号创作者大会力推头条号,并投资 10 亿元用以补贴短视频创作;一点资讯推出了"点金计划"扶持自媒体。

(2) PGC(Professionally Generated Content,专业生产内容),主要是通过专业人士输出内容,供用户浏览。如果一个视频节目、一个文字专题是经过系统统筹、专业策划、合理排编后完成的,那这么一个节目、一个专题就可以称为PGC。

(3) OGC(Occupationally Generated Content,职业生产内容),通过具有一定知识和专业背景的行业人士生产内容,并发放其相应报酬。视频、新闻等网站中,以提供相应内容为职业(职务)的人,如媒体平台的记者、编辑,既有新闻的专业背景,也以写稿为职业领取报酬。

UGC和PGC的区别是有无专业的学识、资质,在所共享内容的领域是否具有一定的知识背景和工作资历。PGC和OGC以是否领取相应报酬作为分界,PGC往往是出于"爱好",义务贡献自己的知识,形成内容;而OGC是以职业为前提,其创作内容属于职务行为。

(4) AAC(算法迎合需求),基于数据挖掘智能推荐内容产品,通过庞大的算法为用户推荐他们感兴趣的内容,实现个性化的推荐。今日头条等新闻客户端即采用这种模式。

11.2.3 资讯类客户端的入驻与推广

基于用户需求的多样化,客户端衍生出了视频、社交、分享等个性化的需求。在这种趋势的引导下,聚合类新闻客户端陆续引进自媒体功能,这里以聚合类新闻客户端代表产品"今日头条"为例解析其入驻与推广。

1. 入驻

今日头条不仅是新闻资讯类产品,还是一个自媒体平台。用户登录后虽然可以浏览新闻、话题、视频、个性化订阅号(头条号)等资讯,但是不能发表文章。若想发表文章,则必须入驻"今日头条"的自媒体平台,也就是入驻头条号。

首先用户需要按照实际情况选择入驻类型,即"个人"或"机构"(如图11-5所示),然后根据提示填写内容,上传相关资料,其中机构需提供营业执照等资料。申请完成后进入待审核状态,审核通过该头条号才算正式入驻。

2. 推广

入驻成功后即可发表文章,并可对自己的评论、粉丝、收益等进行管理。企业通过入驻,可增加面向用户传播信息的渠道。

除今日头条的头条号,企业可以入驻与推广的平台还有百度的百家号、阿里系的大鱼号、企鹅媒体平台的企鹅号、一点资讯的一点号、搜狐号、360自媒体平台、凤凰自媒体等。

企业开展新闻客户端营销和影响力建设,首要工作是对有兴趣入驻的平台进行全面评估。从平台的热点排行榜中找到用户的喜好和关注点；从平台发布的大数据统计中得出用户画像，如年龄、学历、性别分布等，通过浏览热点文章和企业专业文章的评论，分析判断用户的专业度和层次，通过观察竞品和竞争对手在平台上的表现，找到自身的优势和不足。

图 11-5　头条号入驻类型

对入驻平台的特性和用户喜好、用户层次有所了解后，企业就可以有针对性地进行内容策划。

11.3　网络视频营销

随着网络带宽的不断增加和互联网视频内容的不断丰富，视频已成为当前大众信息消费中最重要的内容形态之一。

11.3.1　网络视频的发展

网络视频的发展大致经历了四个时期。

(1) 初创时期(2004—2005 年)。2004 年 11 月，乐视网在中关村成立，拉开了中国视频网站发展的序幕。如今风靡全球的 YouTube 注册于 2005 年 2 月 15 日，可见中国视频网站的出现时间一点没有落后于欧美国家。2005 年 3 月，中国播客网成立，它是中国最早提供原创音频、视频托管服务的播客网站。之后，土豆网、我乐网、优酷网、酷 6 网纷纷出现。

(2) 迅速发展时期(2006—2008 年)。2006 年被认为是视频网站发展历程中的重要一年。这一年,出现了大大小小200多家视频网站,视频网站用户数量急剧增长,数据流量急速上升,很多网民也以极大的热情参与到原创视频当中。视频网站的发展呈现出了草根性、娱乐性、主动性的特征,这一时期诞生了很多草根明星,如后舍男生、西单女孩、旭日阳刚等。

【案例1】

后舍男生

后舍男生由黄艺馨和韦炜组成,是网络第一个恶搞视频组合,因为他们的成名作是在电脑摄像头前对口型表演后街男孩的歌曲,所以称其为"后舍男生"。可以说后舍男生是网红鼻祖。他们用独特、夸张、古灵精怪的表演手法表演流行歌曲(如图11-6所示),让众网友在电脑前捧腹。他们不仅在国内爆红,在国外也广为人知,甚至美联社还针对后舍男生现象拍摄了专题片。

后舍男生曾经的代言如下。

2006年:
- 为MOTO拍摄手机网络广告,获年度4A广告最佳创意奖。
- 成为百事可乐代言人,与谢霆锋联袂拍摄最新广告特辑。

2007年:
- 出任思科(CISCO)网助活动大使。
- 获邀代言百事乳饮品"新益代"。

2008年:
- 应宝洁集团聘请,担当旗下品牌护舒宝产品"雨过天晴"活动代言人。

图11-6 后舍男生

(3)调整上市时期(2009—2010年)。从2009年开始,国家广电总局也相继出台了多项政策来规范网络视频市场,如2010年11月12日下发了《广播影视知识产权战略实施意见》,严厉打击互联网侵权盗版,重点打击影视剧作品侵权盗版行为。2010年,上市浪潮席卷了国内视频网站市场,酷6网、乐视网、优酷网等成功上市。

(4) 平稳发展时期(2011年至今)。视频网站开始平稳发展。一方面,视频网站注意在内容上的积累,通过用户上传视频、网站自制剧、与电视台的深度合作、购买外来片源获得内容上的优势资源;另一方面,视频网站也在不断探索新的盈利模式,视频网站积极营造良好的广告环境,努力拓宽广告渠道。除此之外,版权分销、收费模式、无线增值服务也受到视频网站越来越多的关注。

11.3.2 网络视频营销的条件

实现视频营销需具备三个必要条件:能支撑视频运营的基础硬件环境、庞大的视频用户规模、丰富的视频网站内容。

1. 基础硬件环境

时至今日,ADSL 宽带逐渐升级为光纤宽带,路由器从单一有线增加了无线功能,上网变得更加方便快捷。在家里,在公司,在饭店,甚至在火车、飞机上,Wi-Fi 也逐渐成了标配。加之 4G、5G 移动网络的高速发展,用户可以随时随地高速连接互联网。上网的设备也越来越多元化,平板电脑、智能手机、智能电视迭代不休。同时国家为了加快移动互联网进程,鼓励各大移动运营商提速、降费,流量费用持续降低。这些都为用户观看视频提供了良好的基础环境。

没有了技术和流量的限制,人们既需要立体丰满的信息和视听感官的综合,又可将自己所看、所听、所做的事随时拍摄记录下来,丰富了网络视听内容。

2. 视频用户规模

据中国网络视听节目服务协会发布的《2017 中国网络视听发展研究报告》,在消费升级和知识付费理念的引导下,2017 年国内网络视频用户的付费比例继续增长。有超过四成的用户曾为视频付费,并且用户付费能力也有较大提升,每月支出 40 元以上的付费会员从 2016 年的 20.2%增加到了 2017 年的 26.0%。根据爱奇艺 2018 二季度财报,截至 2018 年 6 月 30 日,爱奇艺的付费会员已达 6 620 万,会员服务收入为 25 亿元,同比增长 66%。从以上数据可以看出,网络视频用户日益增多且用户付费习惯也在逐渐养成。截至 2018 年 6 月,中国网络视频用户规模达 6.09 亿,占网民总体的 76%。

3. 提供视频内容的平台

目前国内网络视频市场稳定,爱奇艺、腾讯视频和优酷三大平台稳居第一阵营,此外,还有 PPTV、搜狐视频、芒果 TV、暴风视频、咪咕视频,以及 A 站、B 站等其他竞争对手。各大竞争对手在线上播放版权的争夺日益激烈,自制内容也越来越精品化、专业化、差异化,对用户形成有效吸引,提升了平台的用户黏性,行业内容生态体系逐步建立。

弹幕类视频网站与A站、B站

弹幕视频网站是视频分享网站的一个分支,其最大的特色就是悬浮于视频上方的实时评论功能,粉丝们称之为"弹幕"。通过弹幕,让原本单线连接的互联网视频与个人转变成了多人共时性互动模式。小小的弹幕带来了全新的观影氛围,也让弹幕视频网站成为极具互动分享和二次创造的潮流文化娱乐社区。

弹幕视频网站最早出现于2006年日本的niconico动画网站,2008年国内主要关于游戏、动画的视频分享网站AcFun(俗称"A站")开始效仿这一模式,之后2009年bilibili弹幕视频网站创建,俗称"B站"。A站、B站都是现今国内较大的年轻人潮流文化娱乐社区,众多网络热词、用语都源于此。A站、B站上传的所有视频均不添加广告。正式会员可通过测试答题免费获得,限制"僵尸会员"数量的同时筛选出能真正融入"二次元文化"的用户。所以对于A站、B站聚集的年轻受众群来说,内容是唯一吸引他们关注的因素,企业如果通过A站、B站营销,唯一的选择即是内容至上。

案例分析:

《西游记之大圣归来》在上映前与B站官方达成了合作,2015年6月26日,B站官方账号bilibili预告菌发布了《西游记之大圣归来》的片尾曲——《从前的我》。仅仅两天,《西游记之大圣归来》的官方微博粉丝由此前的不足2万激增至6万。在B站官方的宣传下,众多B站个人Up主纷纷投稿,上映后三天,B站用户自制相关创意视频达500条,并在微博、豆瓣等社交平台中积极传播,直接促成了该片口碑爆棚。著名网红papi酱也是2015年分别入驻B站和A站,吸引了大量粉丝的关注。

11.3.3 网络视频营销的形式

目前,网络视频营销主要有贴片广告、拉幕广告、原创视频、植入式广告、主题征集、创新视频营销等形式。

1. 贴片广告/插播广告

贴片广告指的是在视频片头、片尾播放的广告,如图11-7所示。一般情况下,在观看视频之前,有 5~120 秒不等的播放广告,购买平台会员可以跳过广告,或者缩短观看广告的时间。有时候广告也出现在节目中间,或节目播放完毕后。贴片广告是国内视频营销中最常见的广告形式。

图 11-7　贴片广告

2. 拉幕广告、半透明覆层广告、播放器背景广告等

拉幕广告和半透明覆层广告是当播放视频内容时,文字或图像广告会在短时间内浮现在视频顶端或底部。当用户将鼠标指针指向或点击广告时,才会弹出更大的广告幅面,或者打开新页面。

播放器背景广告是一种视频区域外的广告形式,当用户打开视频节目时,广告会以精美的海报图片形式展现在视频区域周围,作为视频页面的背景,如图 11-8 所示。

这几种广告不会直接打断用户的观看过程,因此曾被很多网站采用。不过,有的用户会将广告视作一种打扰。

图 11-8　播放器背景广告

3. 原创视频

原创视频或称自制视频,即根据企业传播需要,公司自己制作视频内容,将所要传播的品牌信息融入视频,再通过一系列推广手段,在社交网络中引发网友关注并转发的一种视频营销形式。随着短视频平台的出现,自制视频更容易实现二次传播。

"百度,更懂中文"

在中国,第一个利用原创网络视频做营销的案例似乎已经不可考,但百度的"唐伯虎"视频宣传片,则应该属于早期非常有名的视频营销案例之一。这个视频的完成和开始传播的时间大致是在 2005 年的第三季度,此时 YouTube 也是刚刚成立不到一年,更遑论中文的视频网站。但这段视频流传得很广,当时主要的传播渠道是 BBS。

"唐伯虎"是一段非常草根的视频短片,主角看上去是一个周星驰版的唐伯虎,利用中国经典断句难题"我知道你不知道我知道你不知道我知道你不知道",狠狠地嘲弄了那个只晓得"我知道"的老外,最终老外吐血倒地,一行大字打出:百度,更懂中文。

百度"唐伯虎"系列没有花费一分钱媒介费,没有发过一篇新闻稿,从一些百度员工发电子邮件给朋友和一些小网站挂出链接开始,只用了一个月,就在网络上至少有超过 10 万个下载或观赏点。至 2005 年 12 月,已经有近 2 000 万人观看并传播了此片(还不包括邮件及 QQ、MSN 的传播),而且,这种沟通不像传统的电视广告投放那样是夹杂在众多的广告片中的,所有的观看者都是在不受任何其他广告干扰下观看的,观看次数不受限制,其深度传播程度亦远非传统电视广告可比。

(来源:https://www.jianshu.com/p/444fdace400f)

搅得烂吗

曾经,一个叫"汤姆"的疯狂的白发老人总是出现在视频网站 YouTube 的最受关注排行榜上。这个家伙把所有能够想到的玩意儿都塞进了桌上的搅拌机里——扑克、火柴、灯泡、高尔夫球,甚至还有 iPhone 手机!汤姆把这些东西往搅拌机里一扔,盖上盖子,20 秒的吱吱嘎嘎之后,iPhone 手机竟然变成了一堆冒着灰烟的金属粉末。每段视频的开头,老头儿都会带着防护眼镜来上一句:"搅得烂吗?这是一个问题。"(Will it blend?

That is a question.),如图 11-9 所示。

没有哪个观众不被那台无所不能的搅拌机所征服,纷纷点击节目说明中的网址去一探究竟。这正中了汤姆先生的下怀——他的全名是汤姆·迪克森(Tom Dickson),他是生产家用食品搅拌机的 Blendtec 公司的首席执行官。

来看看 Blendtec 视频营销带来的成果:每年 500%～700% 的订单增长,2 亿的累计观看次数,网站流量增加 650%,品牌几乎家喻户晓。当然这一切都离不开汤姆团队的辛苦耕耘,他们累计制作 200 多个视频,只要是炙手可热的产品都会成为他们 Blend 的对象。最令人佩服的是,Blend 完之后的 iPhone 渣子也放在 ebay 进行了公益拍卖,吸引了 21 万人浏览并拍出 800 多美金的价格,营销无处不在。

(来源:https://wenku.baidu.com/view/24e7004587c24028915fc3e7.html)

图 11-9　Blendtec 公司原创视频广告

4. 植入式广告

植入式广告是指把产品及其服务具有代表性的视听品牌符号融入影视或舞台作品中的一种广告方式,给观众留下相当深刻的印象,以达到营销目的。植入式广告是随着电影、电视、游戏等的发展而兴起的一种广告形式,它是指在影视剧情、游戏中刻意插入商家的产品或服务,以达到潜移默化的宣传效果。由于受众对广告有天生的抵触心理,把商品融入这些娱乐方式的做法往往比硬性推销的效果好得多。图 11-10 所示为伊利在《变形金刚 3》中植入舒化奶的广告,取得了较好的效果。

5. 主题征集——UGC 模式

UGC 模式,即用户将其原创视频通过互联网平台进行展示或与其他用户进行分享的行为,调动民间力量参与视频制作的积极性,主动产生作品,如征集与企业相关的视频作品。

图 11-10 《变形金刚 3》中的植入广告——伊利舒化奶

2006年,网易娱乐与百事联手打造的"百事我创·周杰伦广告创意征集活动"共收到 26 869 份投稿,经过网友票选及严格筛选,最终获得最高票数的《贸易起源篇》成为"百事我创"广告脚本,作者独得 10 万奖金,百事公司还安排剧本创作者亲自到达拍摄现场,见证广告的产生。周杰伦还在拍摄之余对其进行采访,交流创作心得。

2015年春节,百事可乐号召大家拿起手机用自己的方式讲故事,最后以与消费者共同创作的精彩片段为素材剪辑成 2015 年《把乐带回家》的众创大电影。

6. 创新视频营销

除上述提到的营销方式外,还有一些创新性的视频营销方法,如视频的冠名、近期发展起来的视链功能等。

视链是一种全新的视频交互模式,依托计算机视觉技术,实现视频中物体的智能追踪,用户可以点击视频中的物品或人,实时获取与之相关的信息,可广泛应用于电商、科教、娱乐等领域。以此搭建的视频生态系统,让观众能直接点击视频中感兴趣的事物或人,或评论、吐槽,或购买,提供前所未有的视频交互体验。

举例:用户在播放视频时,看到视频中出现的一些物品,就可以直接点击该物品进入电子商务购买流程,实现从视频观看到直接购买的流程创新,如图 11-11 所示;用户观看电视剧或电影时,当某角色在剧中首次出场时,移动鼠标指针至该人物头像,便会闪现相关的"角色名""演员名"等信息,并可点击链接至百度百科等网站;当鼠标指针离开人物头像周围时,该提示将自动隐藏。

图 11-11 视链技术

视链真正打通了视频网站和电子商务两大互联网基础平台,实现了从流量到销售的精准转化;同时,拓展了视频网站以广告为主的盈利模式,可以直接参与电子商务分成。

11.3.4 短视频

短视频是一种视频长度以秒计算,主要依托移动智能终端实现快速拍摄与美化编辑,并在社交媒体平台上实时分享的新型视频形式。通常,短视频的长度控制在 4 分钟以内,制作门槛低,无须专业拍摄设备。短视频的社交属性强,其传播渠道主要为社交媒体平台。短视频媒体拥有比长视频更快速、更简便、更准确的传播能力,也更具娱乐性。

2012 年 10 月,Twitter 收购了短视频鼻祖 Vine,这是短视频应用第一次进入公众视野。国内短视频市场也在 2016 年迎来爆发期,众多资本和创业者涌入。目前,国外比较有代表性的短视频发布平台有 YouTube、Instagram、Vine、Snapchat 等,国内应用市场上有美拍、秒拍、快手、抖音等。截止到 2018 年 6 月,国内短视频用户规模达 5.94 亿,占整体网民规模的 74.1%。如今,4G 全面应用,5G 时代即将来临,随着移动端的普及,短视频也逐渐成为国内企业新媒体矩阵的重要组成部分。

随着短视频用户规模的扩大,短视频内容存在不可控性,国家对短视频平台的监控也将会越来越严格,越来越规范。

11.3.5 网络直播

网络直播最大的特点是即时、互动、真实、参与感强,可以超越地域限制。截至2018年6月,网络直播用户规模达到4.25亿,用户使用率为53.0%。

2016年被业内公认为直播元年,从2016年年初开始,包括腾讯、阿里、小米、乐视、360在内的互联网巨头纷纷进入直播领域。2016年8月,Facebook开放直播服务,包括BBC、华盛顿邮报、纽约时报、今日美国等在内的专业媒体先后入驻。直播成为聚合流量的新入口,甚至催生了"网红经济"这一新的互联网商业模式。现阶段,国内比较活跃的直播平台包括映客直播、花椒直播、斗鱼直播、虎牙直播等。

越来越多的企业参与到企业直播中来。企业级直播涉及会议、活动、教育培训、新品发布、产品体验等各大应用场景,覆盖汽车、房产、旅游、科技等众多行业。企业的新媒体矩阵可以将直播平台的账号囊括进来,通过直播、微博、微信公众号、朋友圈、新闻客户端等多个平台互相导流和推广,以提升企业新媒体矩阵的整体实力。

【案例6】

企业直播案例

- 发布会直播

2017年3月28日14:00,神秘了7年的网易味央养猪场首次大公开,成为中国6 713个养猪场中第一敢于公开直播的猪场,在网易新闻客户端大咖汇、网易考拉直播、网易CC直播、网易BoBo、bilibili直播、斗鱼直播、虎牙直播7个直播平台,吸引了超过500万人围观。

- 产品体验直播

2016年7月30日—8月1日,Audi Sport嘉年华活动期间,奥迪与多家自媒体合作,邀请了17位优质网红进行直播。活动期间,直播平台累计播放88次,直播总时长约5 700分钟,累计观看人数逾600万人次。

- 企业家直播

由于社会化媒体的深入发展,身为行业领袖的企业家们正影响着更多的普通网民。雷军、周鸿祎、罗永浩等纷纷在直播平台中露脸,吸引了数以百万计的粉丝。2016年5月11日,雷军在网络直播平台直播发布即将上市的小米MAX手机,在当日百度指数中的搜索指数超过23万。对小米MAX随后的大卖起到了非常重要的促进作用。

- 产品售卖直播

直播＋明星的传播模式可获得非常好的营销效果。2016年9月11日晚,欧丽薇兰邀请娱乐圈楷模夫妻沙溢、胡可,与陆毅、鲍蕾参与直播。以感性的方式分析产品特性,凸显了欧丽薇兰主打"宠爱"的品牌概念,整场直播共有2 800万人次围观。

直播还可以是企业商业行为的实时直播。企业组织的大型活动、企业家参与的活动、企业年会等,凡是可以开放给外部的所有场景,都可以通过直播的形式传播出去,以全面塑造企业形象。

11.4 网络游戏营销

截至2018年6月,我国网络游戏用户规模达到4.86亿,占总体网民的60.6%。手机网络游戏用户规模达到4.58亿,占手机网民的58.2%。

2018年1月中旬,上线两个月时间的《终结者2:审判日》全球用户总数突破1亿,游戏中玩家最熟悉的运输机机身广告拍出了1 000万元的天价。

这一个个庞大的数字让我们不能忽视这样的一个群体——游戏一族。

11.4.1 网络游戏植入广告的定义

网络游戏植入广告(In-Game Advertisement,IGA),是将产品或品牌信息以各种形式植入网络游戏之中,是一种潜移默化的信息沟通和传播手段。游戏媒体作为一个新的分众传媒,在面对特定族群的定向传播上,有着传统媒体不可比拟的优势,游戏媒体能使广告和游戏充分结合,让玩家在享受游戏的同时,不知不觉地接受广告的内容。

11.4.2 网络游戏植入广告的形式

1. 游戏场景或画面背景植入

2005年12月22日,米其林与天纵网络有限公司正式签约宣布合作,并买下大型网络赛车游戏《飚车》的城市地图与赛道中的广告牌,图11-12所示为米其林植入广告。

图 11-12 《飚车》游戏中的米其林广告

被称为互联网总统的奥巴马也曾买下《极品飞车：卡本峡谷》和《NBA 实况 08》游戏场景中的广告牌，如图 11-13 所示。

图 11-13 奥巴马竞选广告在 EA 游戏《极品飞车：卡本峡谷》和《NBA 实况 08》中

2. 游戏装备或道具植入

网易手游《终结者 2：审判日》中，玩家可以骑上 ofo 小黄车，可以在游戏中拾取"百度外卖"恢复生命值，如图 11-14 所示。

图 11-14 《终结者 2：审判日》道具中植入的百度外卖和 ofo 广告

此外,在《街头篮球》的游戏中,耐克的球鞋变成了可以提升玩家弹跳及投篮命中率的新武器。可口可乐在网络游戏《魔兽世界》中作为神奇魔水出现,游戏角色饮用后可以立刻恢复体力、提高作战能力,也给予玩家一种"喝可口可乐,要爽由自己"的品牌联想。《飚车》中所有轮胎的参数全部按照米其林轮胎真实参数设置,因此玩家在决定购买自己想要的轮胎的同时,也就了解了所有米其林轮胎的性能。

3. 与实体经济的融合

《魔兽世界》与麦当劳的合作是通过购买麦当劳产品获取积分,用积分兑换奖励。玩家在《大唐风云》游戏的虚拟商店里,可以通过信用卡付款或者货到付款的方式下单,买到真实的绿盛牛肉粒,并享受专门的配送服务(如图 11-15 所示)。在索尼 EverqQuest Ⅱ 游戏中,键入"比萨"一词,便会将玩家带入必胜客的网站,供其订购外卖,从而不会中断游戏。这种商务模式是将线下商城和电子商务融入游戏之中,既促进了品牌的交互性广告宣传,也为消费者提供了便利的购物方式。

图 11-15 网络游戏与实体店铺的融合

4. 广告游戏:整个游戏即广告

如《经营麦当劳》(如图 11-16 所示)和《汉堡王》,整个游戏就是一个推广麦当劳和汉堡王的广告。

图 11-16 《经营麦当劳》游戏

5. 其他植入广告

除上述常见的植入广告外还有一些其他形式的广告,如企业对网络游戏的冠名、以奖励道具和金币的方式做广告(吸引那些不参与付费游戏的玩家,多看几秒广告就能省下道具钱,这种方式对于非付费的用户黏性很大)。

11.4.3 网络游戏植入广告的投放原则

在不违反法律、道德的前提下,网络游戏植入广告还应遵循相关性原则、吻合性原则和平衡性原则。

(1)相关性原则

在网络游戏中植入广告的产品要和游戏的内容有关联性,否则会影响网络游戏玩家的体验,广告效果会大打折扣。

(2)吻合性原则

网络游戏植入广告的投放过程中,还应注意广告的投放要针对目标受众,要与目标受众的消费心理和消费习惯吻合。比如,在针对白领女性的游戏中,植入星巴克、中高端化妆品的广告,会收到相对较好的广告效果。

(3)平衡性原则

网络游戏植入广告时应该充分从广告主的角度和游戏玩家的角度出发,来统筹整个游戏广告的投放和开发,一定要兼顾游戏玩家的利益,保证游戏本身的娱乐性。

11.5 其他新媒体形式

11.5.1 网络音频

当用户的双眼、双手被占用时,音频会成为一种方便获取信息的良好载体,可在走路、开车、健身、做家务等场景中发挥效用。在线音频/网络音频是指除完整的歌曲或专辑外,通过网络流媒体播放、下载等方式收听的音频内容,主要有播客、有声书及网络电台3种主要形式,其内容涵盖新闻播报、脱口秀、评论访谈、相声评书、广播剧、教育培训等多种类型。

在线音频平台是指运营并向用户提供在线音频的内容平台。2015年被认为是有声行业元年,各种音频App相继涌入,市场热度空前升温。喜马拉雅FM、蜻蜓FM、企鹅

FM、懒人听书、酷听听书、百度乐播等一大批网络电台出现在大众面前。同时越来越多的传统广播电台开始积极布局网络电台，比如北京人民广播电台推出了移动网络广播电台听听 FM，中央人民广播电台上线了中国广播 App 等。

11.5.2 网络文学

从 1998 年痞子蔡的《第一次亲密接触》算起，网络文学已然走过 20 多年的历程。20 多年前，乘着"互联网"的东风，网络文学也伴随着一大批读者的成长逐渐发展起来。唐家三少、当年明月、宁财神、南派三叔、天下霸唱……说起这些名字，熟悉网络文学的人并不陌生。网络文学如今已经产生了广泛的社会影响，拥有超过 1 300 万注册写作者，发表作品 1 600 余万种，读者超过 4 亿人。

网络文学的发展大致经历了三个阶段。

(1) 第一阶段：萌芽阶段（2001 年以前）

2001 年以前，网站上的文学作品大多是传统文学作品的电子版，原创作品较少，处于萌芽阶段。

(2) 第二阶段：网站阅读发展阶段（2002—2010 年）

2002 年起，起点中文网等网络文学网站相继创立，并陆续推出书库模式、VIP 付费制度、作家福利制度、粉丝制度等，为网络文学创作持续化、职业化提供了重要的制度保障，并最终成为行业标准。在这期间，诞生了多部经典网文大作，如《鬼吹灯》《斗破苍穹》等，也捧红了一批网文作者。

(3) 第三阶段：移动阅读飞跃阶段（2010 年以后）

2010 年以后，智能手机迅猛发展，移动应用 App 盛行，起点读书等客户端上线，标志着移动互联网阅读时代的全面开启。同年，《步步惊心》《裸婚时代》等网络小说改编的影视作品上线并热播，网络文学影视改编价值得到了充分认可。此后，《致青春》《甄嬛传》《何以笙箫默》等作品的市场表现彻底奠定了网络文学在影视改编市场中的地位。其后，QQ 阅读等阅读客户端纷纷上线，移动互联网阅读份额逐渐接近并超过传统互联网 PC 阅读，移动互联网阅读时代正式到来。

思考题

1. 请描述你所理解的"新媒体"。
2. 请下载不同类别的新闻客户端，并对比分析其各自的优缺点。
3. 网络视频营销有哪些方法？

4. 网络游戏营销有哪些方法？

实践题

1. 入驻头条号、大鱼号、企鹅号、百家号、搜狐号、简书等新媒体平台，并发表相关文章。

2. 对入驻的上述新媒体进行推广运营，并总结心得与经验。

第12章
移动营销与全媒体营销

12.1 移动营销概述

1. 移动用户

移动用户即移动终端的使用者。随着智能手机的普及和通信网提速降价的推进,移动用户的数量逐年增多。截至2018年6月,手机网民规模达7.88亿,手机上网使用率为98.3%(如图12-1所示),对比一下其他终端的上网使用率:使用台式电脑、笔记本电脑上网的比例分别为48.9%、34.5%,差距可见一斑。

2. 移动终端

移动终端指可以在移动中使用的计算机设备,广义来说包括手机、笔记本电脑、POS机甚至车载电脑。但大多数时候,我们所说的移动终端指的是手机和平板电脑。

从1973年第一部手机在摩托罗拉公司诞生,手机的发展已经经历了40多年的历史,无论是造型还是功能都有了翻天覆地的变化,早期的手机只能拨打电话,而后慢慢增加了短信、彩信、拍照、游戏等功能,屏幕也由黑白变为彩色,当手机连接互联网后,智能手机的出现让人们的生活变得更加多彩。

来源：CNNIC中国互联网络发展状况统计调查

图 12-1　互联网络接入设备使用情况对比

3. 移动互联网

移动互联网，就是将移动通信和互联网二者结合起来，使之成为一体。最早的无线电通信网络于 20 世纪 80 年代出现在北欧的斯堪的纳维亚半岛上，在随后的 30 多年里，移动通信取得了惊人的发展。随着 4G 甚至是 5G 商用帷幕的拉开，对网络带宽要求较高的手机网络游戏、网络视频、音乐下载等业务的发展步伐也明显加快，移动营销的应用范围将不断扩大，发展前景十分广阔。

4. 移动营销

移动营销（Mobile Marketing）指利用移动终端，在移动网络环境下直接向受众目标定向和精确地传递个性化营销信息。手机庞大的用户群体和移动上网技术的不断发展，使移动营销蕴藏着巨大的发展潜力，各类企业必须重视发展移动营销。

12.2　移动营销模式

移动营销模式主要有传统式移动营销、终端预装式营销、移动网站式营销、社交平台式营销、App 应用式营销五种。

12.2.1　传统式移动营销

早期的移动营销以短信、彩信、彩铃等方式为主，形式较为简单，所以将这些统称为传统式移动营销。

1. 短信营销

短信营销，顾名思义就是以发送短信的方式来达到营销目的的营销手段。1992年，世界第一条短信发送成功。1998年，移动、联通先后大范围拓展短信业务，为国内企业的短信营销拉开了帷幕。短信相对于报刊、广播、电视等传统媒体，具有鲜明的特点和优势：覆盖面广，用户众多；操作简单，抵达率高；发布快速，准确率高；成本低廉，即时性强，短信营销被大量应用。但是因为垃圾短信的泛滥及短信诈骗层出不穷，很多用户收到即删，严重影响了短信营销的效果。加上微信的出现与普及，更使短信营销雪上加霜。未来短信营销可用于客户关系管理，或与LBS等新技术的结合，为目标客户提供精确的个性化服务信息。

2. 彩信营销

由于短信业务的爆炸式增长，中国移动于2002年10月推出了彩信业务。彩信最大的特色就是支持多媒体功能，能够传递文字、图像、声音、数据等各种多媒体格式的信息。但彩信业务在推出后面临的网络带宽和服务质量不高、资费偏高等问题，导致了彩信营销发展缓慢。后又面临微信的冲击，发展前景堪忧。

3. 彩铃营销

彩铃是"个性化多彩回铃音业务"的简称，是以手机用户的主叫方为受众，通过在呼叫铃声中设置广告信息，从而达到广告效果的一种广告形式。企业要进行彩铃营销，必须要有电信运营商的配合，由电信运营商统一把自己设置成集团客户模式，否则企业内部单独每部手机设置，效果不好控制。除集团客户外，如何开发普通用户的彩铃广告市场也值得探讨。

12.2.2 终端预装式营销

移动终端预装软件，一般指移动终端出厂自带或第三方刷机渠道预装到消费者移动终端当中，且消费者无法自行删除的应用或软件。终端预装式营销正是基于移动终端预装软件来进行的营销，一些企业寻求与终端厂商及运营商的合作，将自己的软件或信息预先安装在移动终端中，以达到传播营销信息的目的。

然而，在这种运营商、终端厂商、服务商多元共赢的利益链背后，也存在着内置软件占用大量手机内存，影响运行速度，偷跑手机流量，恶意吸费，泄露隐私等问题。2015年年初，上海消保委对手机多项性能的比较实验结果显示，预装软件最多的Oppo X9007手机总共预装了71个软件，其中不可卸载软件数量达47个，部分手机预装应用软件在消费者无操作的情况下,仍然会发生流量消耗。

随着移动终端预装软件市场的持续恶化,终端预装式营销前景还不十分明朗,但可以确信的是工信部对于终端预装软件的管理将会越来越严格,终端预装式营销也将越来越规范,开发者们应致力于开发对于目标用户有价值,并可以卸载的第三方软件,再寻求与各手机厂商和运营商的合作。

12.2.3 移动网站式营销

由于移动终端的便携性,很多用户使用手机等移动终端访问网站,但移动终端的屏幕大小以及网络带宽等因素影响了用户体验。所以,越来越多的企业为移动终端开发专用网站。通常,移动终端的专用网站可以分为两类:WAP版网站和触屏版网站(如图12-2所示)。

手机WAP版网站

手机触摸屏版网站

图 12-2　使用移动终端访问网站

1. WAP版网站

因为传统智能手机屏幕较小,且某些智能机不具备多点触控功能,WAP版网站通常具有简洁、简单,并适合使用手机键盘操作等特点,但采用高端智能手机访问的用户体验稍微差一些。随着大屏幕智能手机的普及,WAP网站正逐渐退出历史舞台。

2. 触屏版网站

触屏版网站主要针对高端智能手机(大屏幕触屏手机)或平板电脑,通常采用

HTML5+CSS3 开发，支持苹果、安卓等所有操作系统，支持所有主流手机浏览器的访问，可以给用户呈现华丽的网页视觉效果。随着高端触屏手机的普及，手机触屏版网站成为主流并逐渐取代 WAP 网站。

12.2.4 社交平台式营销

近年来，借助微信、微博等社交平台进行营销的方式颇受企业青睐。微信和微博注册简单、操作便捷、运营成本低、针对性高、互动性强，适合各类企业对目标客户进行精准化营销。由于移动终端的随时随地随身性，越来越多的网民主要通过手机登录社交平台，所以社交平台式营销是移动营销的重要手段。第 10 章已详细介绍过微信营销与微博营销，这里不再重复。

12.2.5 App 应用式营销

App 是英文 Application 的简称，意为应用程序。随着智能手机的流行，App 一般特指智能终端的第三方应用程序。App 可以分为客户端形式和浏览器形式两种。客户端形式需要在手机上安装完毕后才能使用。浏览器形式不需要下载安装，可通过手机自带浏览器或者第三方浏览器直接访问。

App 应用式营销即通过 App 应用程序进行商业信息的推广和宣传。2008 年，苹果公司推出 App Store，在其运营的第一年内，已有 6.5 万款软件，下载量突破 15 亿次。鉴于 App 的巨大成功，越来越多的企业将产品信息植于应用制作，供用户下载，通过应用达到信息传播的目的。App 营销作为新兴的营销手段，与其他手段相比，除成本低、精准度高、互动性强这些明显的优势之外，还具有很强的实用价值，其渗透在用户的学习、工作、生活、娱乐等多个方面，对用户有很高的黏性，而这正是 App 作为营销工具的有利特征。此外，作为 App 载体的智能手机发展速度不断加快，App 开发量持续上升，用户规模大，也为 App 营销提供了有力保障。

目前，主要的 App 营销模式有植入广告模式、网站移植模式和用户体验模式。

1. 植入广告模式

植入广告操作简单，是应用最广的模式。该模式以动态广告栏形式进行广告植入，当用户点击广告栏的时候就会通过链接进入网站，了解产品详情或者参与企业活动。商家只要将广告投放到那些下载量比较大的应用上就能达到良好的传播效果。常见的 App 植入广告模式有横幅广告、开屏广告、插屏广告等，如图 12-3 所示。

猪八戒App的横幅广告（Banner广告）　　微博的开屏广告　　猪八戒App的插屏广告

图 12-3　App 中的植入广告

2. 网站移植模式

为适应移动终端的使用特征，各大应用类网站都着手将网站封装成 App，发布到应用商店内供用户下载，这种应用甚至可以在离线情况下使用，快速便捷，也为用户的生活提供了便利性。该模式被广泛地应用在银行、商场、旅游、餐饮等服务性行业。图 12-4 所示为网站移植模式的一个例子。

图 12-4　网站移植到 App

3. 用户体验模式

企业将产品及企业信息包装成 App，以图片、视频或游戏的形式吸引用户体验互动，使用户直观地了解企业信息，以达到营销的目的。例如，将产品体验做成互动游戏的宜家手机 App，可让用户自定义家居布局，用户可以创建并分享自己中意的布局，同时可参与投票选出自己喜欢的布局。2017 年 9 月底，宜家又推出 AR（增强现实）版 App，能高度还原所有商品的尺寸、面料质感等细节设计，消费者仅需智能手机便可呈现宜家商品在家中不同位置摆放的效果（如图 12-5 所示）。

图 12-5　宜家 App 中的用户体验游戏

App 营销的盈利模式主要是付费下载、广告和增值服务几种模式。由于用户习惯等问题，目前采用最多的是广告盈利模式，但是强行获取用户信息、不停弹出推送广告等行为严重地影响了用户体验。App 营销之路要怎么走企业还需要认真思考。

【案例 1】

星巴克 Early Bird

星巴克推出了一款 Early Bird（早起鸟）App，下载这个 App 以后，可以设定闹钟。用户在设定的起床闹钟响起后，只需按提示点击起床按钮，就可得到 1 颗星，如果能在一小时内走进任一家星巴克店，验证这个 App，即可打折买到一杯咖啡！这款 App 在国内被命名为星巴克闹钟（如图 12-6 所示）。

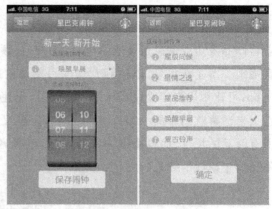

图 12-6　星巴克的 App 营销

【案例 2】

"维多利亚的秘密"的户外广告

"维多利亚的秘密"经典的不只是它的超模们,还有它独具匠心的户外广告。如图 12-7 所示,在其户外广告中,用二维码挡住了性感部位,扫描二维码即可看到这一季发布的新款内衣。

图 12-7　"维多利亚的秘密"的创意二维码广告

2014 年 7 月初,维多利亚的秘密又上线了一款形式炫酷的轻应用——"摩擦有惊喜":首页是一幅经过雾化处理的照片,用户只需用手指摩擦屏幕,就会有一位性感女郎浮现,继续浏览下去则是品牌介绍,最后到达内衣抢购页面。

【案例3】

疯狂猜图的营销模式

一款名为疯狂猜图的游戏(如图12-8所示),通过强有力的营销方式迅速在微信朋友圈中火热起来,这款制作成本小、营销成本也不大的游戏很快成为苹果App Store免费下载榜的第一名!

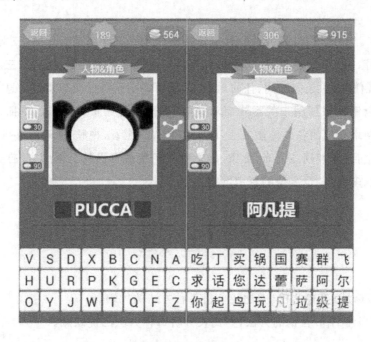

图12-8 疯狂猜图游戏

这款游戏虽小,却集合了多种盈利模式。

① 金币:当用户找不到线索通关时,可以通过消耗金币来获得提示,金币需要购买,也可向朋友求助。大多数用户在面临问题时更喜欢先思考,然后再向他人求助。疯狂猜图的微信分享功能,使之迅速在熟人社交圈中火热起来,疯狂猜图同时获得了一个免费的宣传渠道。

② 常规广告:每通过十个关卡,会弹出一个广告窗口。

③ 植入式广告:游戏中部分关卡内容为猜品牌、猜游戏动漫等,用户根本分不清哪些是广告哪些是内容。

12.3　全媒体营销

"全媒体营销"中的"全"体现在以下五个方面。

(1) 媒介信息。媒介信息传播采用文字、声音、影像、动画、网页等多种媒体表现手段（富媒体）。

(2) 媒介形态。利用广播、电视、音像、电影、出版、报纸、杂志、网站等不同媒介形态（业务融合）。

(3) 网络。通过融合的广电网络、电信网络以及互联网络进行传播（三网融合）。

(4) 终端。电视、计算机、手机等多种终端均可完成信息的融合接收（三屏合一）。

(5) 实现任何人、任何时间、任何地点、以任何终端获得任何想要的信息(5W)。

全媒体营销即根据用户的不同需求分类，选择性运用报纸、杂志、广播、电视、音像、电影、出版、网络在内的各类传播渠道，以文字、图片、声音、视频、触碰等多元化的形式进行深度互动融合，涵盖视、听、光、形象、触觉等人们接受资讯的全部感官，打造多渠道、多层次、多元化、多维度、全方位的营销网络。

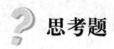

思考题

1. 总结移动营销的方法，并比较分析每种方法的优缺点。
2. 总结当前 App 营销的方法，并比较分析每种方法的优缺点。

实践题

为小组产品策划移动营销。
(1) 你会选择哪些移动营销方式？请详细陈述理由。
(2) 请写出具体的营销过程。

第13章
事件营销与病毒营销

13.1 网络事件营销

13.1.1 事件营销概述

事件营销(Events Marketing)的本质是将企业新闻变成社会新闻,在引起社会广泛关注的同时,将企业或产品的信息传递给目标受众。其最大的特点是成本低、见效快、影响面广、关注度高。

【案例1】

世界上最好的工作

2009年1月10日,全球各大媒体几乎同一时间报道了一条消息:澳大利亚昆士兰州将在全球范围内招募一名"大堡礁"看护员,工作时间自2009年7月1日开始,为期半年,薪水15万澳元(约合人民币70万元)。申请人只要制作一个长度不超过60秒的应聘视频,并在 2 月 22 日之前上传就可以了。

评选小组将结合网络投票的结果,挑选 11 名候选人前往澳大利亚参加面试,最终决出一名优胜者。他(她)的职责包括探访大堡礁附近的诸多岛屿,亲身体验各种探险活动(包括扬帆出海、划独木舟、潜水、海岛徒步探险等),以及担任兼职信差(借机从空中俯瞰整个大堡礁),并把自己的亲身经历以文字和视频的方式记录下来,上传至博客。

可以一边玩一边挣大钱,这个职位被称为"世界上最好的工作"。在金融危机席卷全球的时代,这个称谓极具吸引力。应聘网站在开通后的第三天就因为登录者太多而瘫痪。

其实,这是一个令人叹为观止的广告"策划"。广告主是澳大利亚昆士兰州旅游局。昆士兰州旅游局公关项目经理 Nicole 女士接受中国媒体采访时说:"这是我们筹划了 3 年的一项旅游营销活动,在全球市场上的经费预算总计 170 万澳元(约合 735 万元人民币),其中包括护岛人 15 万澳元的薪水。"昆士兰州旅游局负责中国区市场的局长 Banki 说,这项活动带来的公关价值已经超过 1 亿美元(约合 7 亿元人民币)。据统计,共有来自 201 个国家和地区的 34 684 个申请人制作了 610 小时的视频,里面充满睿智和激情。因此有人说,活动主办方引爆了一颗"旅游策划的原子弹"。

在"2009 戛纳国际广告节"上,这个作品获得了三项大奖:最佳公关类大奖、最佳网络广告大奖和最佳直效类大奖,破了戛纳广告节上一个作品得奖数目的纪录,被称为"世界上最好的广告"。

【案例 2】

蒙牛的事件营销

蒙牛的当家人牛根生认为,凡社会关注的事情,无一例外,蒙牛都关心,而且想方设法参与其中,蒙牛关心社会大事,社会关心蒙牛,就这么简单。

- 2001 年北京申奥,蒙牛第一个站出来,"我们捐赠 1 000 万",语惊中华。
- 2003 年,非典肆虐,蒙牛累计捐款物资 1 000 多万元,并推出公益广告"保护自己,关爱他人"。
- 2003 年,借势举世瞩目的"神舟五号",策划了"中国航天员专用牛奶"营销活动,同时以"为中国喝彩""健康才能强国"的主题情感诉求再次丰富了"蒙牛"的品牌内涵。
- 2004 年,雅典奥运会前夕的备战阶段,蒙牛牛奶被选定为国家体育总局训练局运动员专用牛奶。
- 2005 年,蒙牛借助湖南台"超级女生"造星事件,成功塑造了酸酸乳——"酸酸甜甜就是我"的产品及品牌形象,且得到大、中学生等青年人群的认同;借助连战访华,推出"祖国统一,是全球华人的共同愿望"的口号。

……

蒙牛在不同的阶段,相应地采取不同的方法,将事件的概念点与产品的卖点紧密地联系起来,有效地策划和运作了事件。但引起消费者的注意只是第一步,若想最终俘获消费者的心智,还需要得到消费者的认同和信任,品牌才能"基业长青"。蒙牛曾被称为"一头牛跑出火箭速度",但其在三聚氰胺、黄曲霉素事件中表现不佳,渐失人心。所以,我们应向蒙牛学习事件营销,但同时也要反思它的发展历程。

13.1.2 网络事件营销的模式

从以上两个案例,可以总结出事件营销的两种模式:借势和造势。两者殊途同归,都是为了提升企业形象或者销售产品。

1. 借势

借势指参与大众关注的焦点话题,将企业带入话题的中心,由此引起媒体和大众的关注。借势营销的关键在于发现和挖掘与产品或品牌价值相关联的事件,并对时机进行精准把握。要实现好的效果,借势型事件营销必须遵循的主要原则是相关性原则、知名度原则和时间性原则。

(1) 相关性原则

相关性是指选择的社会热点尽量与企业的自身发展密切相关,也与企业的目标受众密切相关。企业在运作借势营销时,把公众的关注点、事件的热点与企业的诉求点统一起来,事件营销才会起到事半功倍的效果,同时借势营销要找准关键点,巧妙切入。

(2) 知名度原则

借势营销应尽量与大事件联系,引发公众联想。事件越大,关注度越高,传播范围越广,传播也越迅速。例如,邦迪创可贴广告《朝韩峰会篇》即是借势 2000 年的朝韩峰会。在朝韩领导人金正日与金大中历史性激情碰杯时,邦迪旁白"邦迪坚信,世界上没有愈合不了的伤口"。

(3) 时间性原则

借势应反应迅速,要在第一时间介入。2001 年 7 月 13 日夜,当萨马兰奇念出"北京"之时,就在第一时间,"海尔祝伟大祖国申奥成功"的祝贺广告在中央台播出。当夜,海尔集团的热线电话被打爆,只是为了分享胜利的喜悦。随着微博、公众号、头条号等互联网媒体的出现,营销不仅要求新,还要求快,对即将到来的大事件应有准备意识,很多自媒体号会提前储备文章,而不是临时抱佛脚。而对于一些突发事件,考量的还有对新闻、舆情的监测能力,以及迅速的实时反应能力。

借势营销对于品牌的巧妙创意、反应速度有很高要求,在这方面,杜蕾斯、可口可乐等品牌表现上乘,值得借鉴。

【案例3】

Taco Bell:和平号坠落＝免费玉米卷?

2001年3月19日,美国一家名为Taco Bell的食品公司允诺:俄罗斯的"和平"号空间站如果能够在3月23日坠落时正好落到该公司在南太平洋指定的地点,那么该公司将为每个美国公民免费赠送其生产的玉米卷。

于是,在"和平"号坠落过程中,数百万美国人都在电视机前大喊着Taco Bell公司的名字,尽管如此,"和平"号坠落的碎片还是没能击中目标,结果美国人失去了一次免费吃玉米卷的机会。

Taco Bell食品公司负责品牌推广的副总裁克里斯·贝克指出:"我们非常遗憾,不过我们非常荣幸这给我们带来了挑战和快乐,同时Taco bell品牌也被人们所了解。"

在本例中,玉米卷与空间站的相关性并不高,但Taco Bell公司却将二者巧妙地结合起来,成功借势这一举世瞩目的大事件。

2. 造势

造势的核心即企业自己制造热点事件、策划热点活动,通过传播使之成为公众所关注的公共热点。造势营销要注意合理定位、巧妙制造新闻事件,同时要建立风险防范机制。

(1) 合理定位

- 消费者定位:不同的消费者会关注不同的事件,只有有的放矢地进行事件营销,才能最大限度地提升营销效应。
- 事件定位:策划事件应尽量与品牌产生关联,与品牌的卖点产生关联。
- 推广定位:根据目标消费者定位以及事件定位,确定事件传播的方式,可以选择网络传播、电视广告、户外广告等合适的传播方式。

(2) 巧妙制造新闻事件

明确事件营销定位后,即可制造具有新闻价值的事件,并通过具体的操作,让这一新闻事件得以传播,从而达到广告的效果。

(3) 建立风险防范机制

事件营销是把双刃剑,运作不好也会给企业带来难以挽回的负面影响。由于热点事件效应的即时性、发展的不可预见性,以及企业对事件策划的掌控能力有限,企业一旦决策失误,就有可能陷入痛苦的泥潭。因此,企业有必要对即将运作或利用的事件做一次全面的风险评估,建立风险预警机制并制定风险补救措施,加强风险管理以化解突发风险所可能对企业造成的负面影响,避免对企业造成无法弥补的伤害。

造势营销对企业的要求比较高,必须具备造势的能力,明确造势产生的影响范围,掌控造势营销过程中可能出现的问题,对市场及消费群体具有详细的数据分析。做好一个造势营销需要多个环节多个部门的密切配合,甚至会动用企业外大量的社会力量,一个好的造势营销可以让企业收到意想不到的效果。

【案例4】

张瑞敏"砸机"事件

1985年的一天,张瑞敏在检查库存产品时,发现76台冰箱有质量缺陷。当时中国工业体系中有一种分级的惯例,即把产品分为一、二、三等,甚至等外品,只要产品能用,就可以卖出去。这在物资匮乏的年代是一种无可奈何的选择,质量差点总比没有好。当时一台冰箱的价格大约相当于一个工人两年的积蓄,对一个亏损147万元、举步维艰的小厂来说,这76台冰箱的价值简直是一个"天文数字"。当时,许多职工希望将这些冰箱便宜些卖给职工,但张瑞敏毅然决定:将这些冰箱全部砸烂。张瑞敏的"砸机"事件砸出了海尔品牌的质量形象,向全社会宣传了海尔"以质量为本"的企业理念,为海尔在未来发展成为全球知名品牌打下坚实的基础。

13.2 病毒营销

13.2.1 病毒营销的定义

病毒营销并非真的以传播病毒的方式开展营销,而是通过用户的口碑宣传使信息像病毒一样传播和扩散,利用快速复制的方式传向数以千计、数以万计的受众。也可以说,病毒营销是通过利用公众的积极性和人际网络,让营销信息像病毒一样传播和扩散。

Gmail 的病毒营销

Gmail，有 Google 这个品牌作支撑，同时作为全球第一个 1 GB 免费邮箱，它的"酷"就已经形成了。同时，采用神秘的邀请模式吊足用户的胃口。表面上看，Gmail 并未大规模面对用户开放，而是采用有限的邀请方式，网民无不以获得一个邀请从而注册成功为快事。整个过程获得一种游戏般的快乐。更有人在 ebay 上高价拍卖账号，一时间，Gmail 变成了炙手可热的地下交易商品。

百度更懂中文

2005 年 1 月，梁冬加盟百度任营销副总裁，在他的主导下，百度成功地举行了一系列营销活动。但是，真正给用户留下了"百度更懂中文"印象的是随后为了配合百度上市而推出的一系列广告。这一系列广告的灵感来自 2004 年一组移动、联通相互恶搞攻击对方的视频在网络的热播，百度决定做一组不需要投入大量广告费，而让网民自动传播的搞笑短片。经过几次反复讨论，最后确定下来的一系列广告有 4 个，分别是"刀客篇""唐伯虎篇""孟姜女篇""名捕篇"，尤其以"唐伯虎篇"最是广为人知，其利用周星驰电影里唐伯虎形象的中国式幽默，给观看者带来了不少的笑点和回忆，进行病毒式营销，告诉观看者百度是最理解中文的。2005 年 9 月至 12 月，仅 3 个月时间就有近 2 000 万人观看并传播了该片。

13.2.2　病毒营销的特点

（1）具有吸引力的"病源体"——信息源

病毒营销的一大特点是利用了目标消费者的参与热情。目标消费者并不能从传播信息中获利，为什么会自愿提供传播渠道？原因在于传播者传递给目标群的信息不是赤裸裸的广告信息，而是经过加工的、具有很大吸引力的产品和品牌信息，而正是这一披在广告信息外面的漂亮外衣，突破了消费者戒备心理的"防火墙"，促使其完成从纯粹受众到积极传播者的变化。

网络上盛极一时的"流氓兔"证明了"信息源"在病毒式营销中的重要性。韩国动画新秀金在仁为儿童教育节目设计了一个新的卡通兔,这只兔子浑圆白胖、细长眼睛、短手短脚,一反传统童话里可爱的兔子形象,随着青少年无厘头文化的兴起,流氓兔的 Flash 出现在各 BBS 论坛、Flash 站点和门户网站,私下里网民们还通过聊天工具、电子邮件进行传播,其在网络上转载次数多达几十亿次。如今这个网络虚拟明星衍生出的商品已经达到 1 000 多种,成了病毒式营销的经典案例。

(2) 呈几何倍数增长的传播速度

大众媒体发布广告的营销方式是"一点对多点"的辐射状传播,实际上无法确定广告信息是否真正到达了目标受众。病毒式营销是自发的、扩张性的信息推广,它并非均衡地、同时地、无分别地传给社会上每一个人,而是通过类似于人际传播和群体传播的渠道,产品和品牌信息被消费者传递给那些与他们有着某种联系的个体。例如,目标受众看到一则有趣的 Flash,他的第一反应或许就是将这则 Flash 转发给好友、同事,无数个参与的"转发大军"就构成了成几何倍数传播的主力。

(3) 高效率的接收

大众媒体投放广告有一些难以克服的缺陷,如信息干扰强烈、接收环境复杂、受众戒备抵触心理严重。以电视广告为例,同一时段的电视有各种各样的广告同时投放,其中不乏同类产品"撞车"现象,大大减小了受众的接受效率。而对于那些可爱的"病毒",是受众从熟悉的人那里获得或是主动搜索而来的,在接受过程中自然会有积极的心态;接收渠道也比较私人化,如微信、微博、论坛等(存在几个人同时阅读的情况,这样反而扩大了传播效果)。以上优势使得病毒式营销尽可能地克服了信息传播中的噪声影响,增强了传播的效果。

(4) 更新速度快

网络产品有自己独特的生命周期,一般都是来得快去得也快,病毒式营销的传播过程通常是呈 S 形曲线的,即在开始时很慢,当其扩大至受众的一半时速度加快,而接近最大饱和点时又慢下来。针对病毒式营销传播力的衰减,一定要在受众对信息产生免疫力之前,将传播力转化为购买力,方可达到最佳的销售效果。

【案例 7】

"海底捞体"引爆病毒传播

2011 年 7 月某日,新浪微博上一条"海底捞居然搬了张婴儿床给儿子睡觉,大家注意了,是床!我彻底崩溃了!"的微博引起了众多网友的关注和转播。这是一条关于海底捞"婴儿床"的故事,其大意是一位网友在海底捞吃饭时,服务员特别搬来了一张婴儿床给网友的儿子睡觉,正是这样一个看上去不太像在饭馆中发生的事情,让人们开始见识到了海底捞在服务上的"强悍"。

之后海底捞一系列令人目瞪口呆的行动又接连被网友"爆料"了出来。从"劝架信",到"对不起饼",再到"打包西瓜"……海底捞的种种服务几乎已经超出了平日里受惯餐厅服务员白眼的网友们的想象力。不知何时开始,大家开始为海底捞在服务方面的"无法阻挡"加上了一个很贴切的定语:"整个人类"。

一时间"海底捞体"风行,这种文体以"某天我在某海底捞吃火锅,席间我无意说了一句……(愿望、抱怨等),在我结账时……(服务员使其愿望成真)"为格式,最后以"人类已经无法阻止海底捞"作为总结。接下来的发展有些超出海底捞的想象,当"人类已经无法阻止海底捞"的时候,海底捞也已无法阻止网友们的热情。当越来越多不可思议的故事接踵而至时,大家在乎的已经不再是它的真实性,而是这段"海底捞体"杜撰得是否精彩了。

海底捞正在制造"人类已无法阻挡"的大众餐饮品牌神话。这家来自四川的火锅店知名度叱咤微博平台与搜索引擎,话题搜索近84万,词条逾400万。许多网友虽然没有接触过海底捞,但基于网络上各种神乎其神的关于海底捞的宣传,网友们都对海底捞充满期待。

值得关注的是,此次海底捞病毒体的传播聚合阵地是近几年风生水起的微博平台,微博"简短、便捷、快速"的特性决定了海底捞病毒传播的可能性,从聚合到裂变在微博上仅需几秒的时间。海底捞以故事分享为原料,以猎取好奇心为方法,制造了"海底捞体",根据微博蜘蛛网传播的规律,对个性化的服务做了深度的传播,通过事件提升了品牌知名度和美誉度,海底捞式的服务也成为整个餐饮行业的服务标准。

(来源:http://news.winshang.com/html/011/7491.html)

13.3 其他营销方法

13.3.1 网络会员制营销

一般认为,网络会员制营销由亚马逊公司首创。亚马逊于1996年7月发起了一个"联合"行动,其基本形式为:一个网站注册为亚马逊的会员,然后在自己的网站放置各类产品或标示广告的链接,以及亚马逊提供的商品搜索功能,当该网站的访问者点击这些链接进入亚马逊网站并购买某些商品之后,根据销售额的多少,亚马逊会付给这些网站一定比例的佣金,最高可达15%。从此,这种网络营销方式开始流行并吸引了大量网站参与,后来被称为"网络会员制营销"。

网络会员制营销又名联署网络营销、会员制计划。基于利益关系和电脑程序两个因素将无数个网站连接起来,将商家的分销渠道扩展到地球的各个角落,同时也为会员网站提供了一个简单的赚钱途径。图 13-1 所示即为 DHC 的网络会员规则。

月形成订单数	服务费比例
1-30 笔	5%
31-300 笔	5.5%
301-1000 笔	6%
1001-2000 笔	6.5%
2001-3000 笔	7%
3001-4000 笔	7.5%
4001-5000 笔	8%
5001 以上	8.5%

图 13-1　DHC 的网络会员制营销(截图于 2018 年 8 月)

13.3.2　大数据营销

大数据营销是指基于多平台的大量数据,在大数据技术的基础上,应用于互联网广告行业的营销方式。大数据营销的核心在于让网络广告在合适的时间,通过合适的载体,以合适的方式,投给合适的人。

零售业有一个分析购物篮的著名案例,零售商把纸尿裤和啤酒摆放在一起后,能同时提升这两个商品的销售额,之所以会这样做,是因为一家零售商通过对购物小票的大量分析后,发现纸尿裤和啤酒总是在一块购买。因为妈妈在家带孩子,爸爸出来购物,为孩子买纸尿裤的同时顺便也为自己买了啤酒。这是大数据分析的经典案例。这并不是出自哪个零售商之手,实际上是咨询公司杜撰出来的。但不管怎样,这个案例把数据分析的魅力展现得淋漓尽致。

【案例 8】

Netflix 是如何用大数据捧火《纸牌屋》的

Netflix 从创立开始,就意识到数据的重要性。在其网站上,用户每天产生高达 3 000 多万个行为,如收藏、推荐、回放、暂停等;Netflix 的订阅用户每天还会给出 400 万个评分,300 万次搜索请求,询问剧集播放时间和设备等。这些都被 Netflix 转化成代码,当作内容生产的元素记录下来。早些年,这些数据被 Netflix 用来进行精准推荐,随着数据挖掘技术的日渐成熟,Netflix 开始将其用于倒推前台的影片生产。

2013 年 Netflix 的工程师们发现,喜欢 BBC 剧、导演大卫·芬奇(David Fincher)和

老戏骨凯文·史派西(Kevin Spacey)的用户存在交集,一部影片如果同时满足这几个要素,就可能大卖。

Netflix决定赌一把,花1亿美元买下了一部早在1990年就播出的BBC电视剧《纸牌屋》的版权(几乎是美国一般电视剧价钱的两倍),并请大卫·芬奇担任导演,凯文·史派西担任男主角。

事实证明,他们赌对了——《纸牌屋》不仅是Netflix网站上有史以来观看量最高的剧集,也在美国及40多个国家大热。《纸牌屋》开启了大数据对于影视产业的全面渗透。

(资料来源:36氪,http://www.sohu.com/a/137926223_114778。)

思考题

1. 总结网络事件营销的分类,并比较类别之间的异同点。
2. 什么是病毒营销?试举出两个病毒营销的例子。
3. 什么是大数据营销?试举出两个大数据营销的例子。

实践题

1. 借助即将发生的大事件,尝试为自己的项目策划借势营销,详细写明营销过程。
2. 为自己的项目策划造势营销,要求详细写明营销过程。
3. 思考如何让网友积极传播上述营销内容,形成病毒营销。

第 14 章
自媒体与软文营销

14.1 自媒体

自媒体（We Media）又称"公民媒体"或"个人媒体"，是指私人化、平民化、普泛化、自主化的传播者，以现代化、电子化的手段，向不特定的大多数或者特定的单个人传递规范性及非规范性信息的新媒体的总称。自媒体平台包括微博、微信、百度贴吧、论坛等网络平台。

自媒体一词最早由美国新闻学会媒体中心的谢因波曼与克里斯威理斯于 2003 年 7 月提出。2006 年美国《时代》周刊的"年度风云人物"为"YOU"（如图 14-1 所示），《时代》周刊的解释是："风云人物"是我们每一个人，因为随着博客、网络社区、视频网站的兴起，因特网发生了重大的转变，网络不再是公共机构或组织的专属，网民正在成长为所谓的"新

图 14-1　2006 年《时代》周刊封面

数字民主主义公民",每个人都是可以发声的媒体。

14.2 软文营销

14.2.1 软文的概念

软文,顾名思义是相对于硬性广告而言的,是由企业的市场策划人员或广告公司的文案人员来负责撰写的"文字广告"。与硬广告相比,软文之所以叫作软文,精妙之处就在于一个"软"字,它将宣传内容和文章内容完美结合在一起,让用户在阅读文章时能够了解策划人所要宣传的东西。一篇好的软文是双向的,即让客户得到了他需要的内容,也了解了宣传的内容。

软文相对于硬广告而言成本较低,性价比高,客户容易接受。而且好的软文持续性强,有可能实现二次传播。同时结合 SEM,软文可以实现受众的精准定位。

14.2.2 软文营销的流程

【案例】

脑白金启示:如何做好软文推广?

脑白金产生于中国 20 世纪 90 年代末期,正是保健品衰微的时候。它杀出市场,在营销方面有很多亮点,比如产品定位于孝顺文化、中式送礼文化、硬广话题效应、诸多情景营销等,按下不表,说软文。

1998 年,山穷水尽的史玉柱找朋友借了 50 万元,开始运作脑白金。手中只有区区 50 万元,已容不得史玉柱再像以往那样高举高打,大鸣大放,最终,他把江阴作为东山再起的根据地。江阴是江苏省的一个县级市,地处苏南,购买力强,离上海、南京都很近。在江阴启动,投入的广告成本不会超过 10 万元,而 10 万元在上海不够做一个版的广告费用。

这几乎是最后的机会,他别无选择,必须一击中的。

启动江阴市场之前,史玉柱首先做了一次"江阴调查"。他戴着墨镜走村串镇,挨家挨户寻访。由于白天年轻人都出去工作了,在家的都是老头老太太,半天见不到一个年轻人。史玉柱一去,他们特别高兴,史玉柱就搬个板凳坐在院子里跟他们聊天,在聊天中进行第一手的调查。

"你吃过保健品吗?""如果可以改善睡眠,你需要吗?""可以调理肠道、通便,对你有用吗?""可以增强精力呢?""价格如何如何,你愿不愿使用它?"

通常,这些老人都会告诉史玉柱:"你说的这种产品我想吃,但我舍不得买。我等着我儿子买呐!"史玉柱接着问:"那你吃完保健品后一般怎么让你儿子买呢?"答案是他们往往不好意思直接告诉儿子,而是把空盒子放在显眼的地方进行暗示。史玉柱敏感地意识到其中大有名堂。

接下来,江阴的报纸上出现了铺天盖地的宣传,但没有"脑白金"这个产品,所有的宣传都是"脑白金体"。

- 《人类可以"长生不老"?》:讲美国《新闻周刊》刊载脑白金体一事,报道脑白金的神奇。
- 《两颗生物原子弹》《两场科学盛宴》:将当时世界级的话题多利羊(克隆)技术,和脑白金并列起来,提高脑白金的学术地位。

……

一系列的软文轰炸之后,问题来了,脑白金根本就买不到!甚至也没人想过可以买到这么高科技,和克隆技术一个 level 的产品。这时候史玉柱开始了铺天盖地的宣传——"今年过节不收礼,收礼只收脑白金""脑白金,年轻态,健康品"。脑白金的软文营销大获成功。脑白金盈利之后,又开始了新一轮软文营销。

- 《不睡觉,人只能活五天》:相对不吃饭活 20 天,不喝水活 7 天,强调睡眠的重要性。
- 《一天不大便有问题吗?》:讲大便的重要性,为脑白金通便功能铺路。
- 《宇航员服用脑白金》:旁证脑白金的有效性,改善宇航员睡眠。

相关软文具体见表 14-1。

表 14-1 脑白金软文汇总

类型	标题	字数
睡眠篇	你会睡觉吗?	785 字
	不睡觉,人只能活五天	876 字
	美国睡得香,中国咋办?	662 字
	宇航员如何睡觉?	767 字
妇女篇	女子四十,是花还是豆腐渣?	603 字
	女性大苦恼	921 字
衰老篇	"年轻"的老人	762 字
肠胃篇	一天不大便=吸三包香烟	590 字
综合篇	武汉出现"美国疯狂"的征兆	1170 字

> **思考：**
> 从史玉柱对脑白金的软文营销，你得到了哪些启示？软文营销只是单纯的写文章吗？

软文营销应包括调研、策划、撰写、发布、效果评估五个步骤，如图 14-2 所示。

图 14-2　软文营销五部曲

（1）软文营销调研

调研包括两个方面：企业内部和外部。内部要调查企业的创建历史、商业模式、经营范围、企业资质、经营业绩、企业荣誉、组织架构、领导人经历、经销商数量、客户群体、公司管理模式、企业参与的公益活动、员工的工作和生活状态等。外部要全面了解这个行业的发展情况，与公司相关的新闻热点，公司客户群的主要特征和行为习惯，主要竞争对手的基本情况，特别是竞争对手已经开展软文营销的，更要认真收集和研究，以制定差异化、个性化、系列化的软文营销策略。

（2）软文营销策划

首先要明确软文营销的行动目标，是为了树立品牌还是为了拉动销售，是对竞争对手采取的策略做出回应还是配合公司的重大战略部署……

其次要明确软文营销实施策略。具体来讲，要明确软文营销的时间要求和数量要求，还要初步明确软文营销的投放渠道，再根据预算制定软文营销的策划案。

最后根据前面确定的行动目标和策略，进一步明确软文撰写的角度。这些角度既可以是文章标题形式，也可以是撰写思路的简单记录。可以先建立一个清晰的写作框架，将写作分解成不同的侧面和角度，再从中筛选出比较满意的撰写角度。

（3）软文撰写

软文撰写要注意与投放的渠道特点相符合，要与目标受众的特征相吻合。撰写软文时要思考软文的标题、内容布局、语言风格等多个方面。

(4) 软文发布

首先要选择发布的平台,要选择跟产品行业相关的网络平台,考虑目标客户在哪里,结合软文风格和内容,在预算范围内选择平面媒体、网络媒体等。还要注意网络平台在搜索引擎上的权重,一些权重较高、有新闻源的网站往往是发布软文的第一选择。

其次,要注意发布软文的时间间隔和范围,不能只一次发布就当作已经完成软文发布了,应该选择一些合适的平台进行一定频率的、多范围的发布软文活动。

(5) 软文营销效果评估

软文营销的效果可以通过成本收益比、搜索引擎收录、转载率、流量、置顶率等进行评价。

14.2.3 软文的撰写

1. 软文的标题

名家名说

平均而论,标题比文章多 5 倍的阅读力。

——广告学之父 大卫·奥格威

【课堂练习】请为星美整形美容医院设计一系列软文标题。

无论是哪种传播载体的软文,读者第一眼看到的一般都是标题。因此,标题基本上决定了读者是否阅读这篇软文。不同载体形式对标题的要求不同,标题的撰写可以是夸张的、平实的、幽默的等,下面是软文标题的常见写法。

(1) 数字型。数字主要起总结提示的作用。

- 星美揭秘整形广告十大骗术
- 软文营销的十大优势

(2) 揭秘式标题。

- 知名整形医生曝行业内幕:1/4 手术是为补救失败
- 星美美容仪热销的背后

(3) 疑问型标题。

- 高端美容仪是忽悠吗?
- 国产美容院为什么越创新越穷?

(4) 结论型标题。

- 印度减肥靠手术,星美顾问表担忧

(5) 联想型标题。
- 一次美容所引发的离婚案

(6) 流行语标题。
- 减肥消费陷阱伤不起
- 素颜美时代,你怎能 Hold 住

(7) 逆向思维标题。
- 挥汗如雨未必有益减肥

(8) 故事型标题。
- 一个襄樊汉子和他的整容梦想
- 1.2 亿买不走的秘方

(9) 警告式标题。
- 这六种减肥方法千万要不得

(10) 解决方案式标题。
- 一个月瘦身 20 斤的两种方案
- 让销售业绩提升三倍的九种方法

(11) 夸张型标题。
- 北京万人争抢整形
- 30 岁的人 60 岁的心脏

(12) 描述型标题。
- 星美为国家颁布整容法叫好

(13) 建议型标题。
- 星美建议冬季减肥更要关注健康

(14) 对称或对偶型标题。
- 泰囧上映时适逢世界末日,软文标题"与其等死,不如笑死"

2. 软文撰写的方法

营销人员总结了很多撰写软文的方法,如挖历史、讲故事、蹭热点、举案例、曝内幕、造新闻、傍名人、动真情、闹矛盾、树权威、用数字等。但撰写软文时首先要明确的是,软文的目标是消费者。写好软文的秘诀,就是从消费者的原力出发去创作。所谓原力其实就是人生来的欲望,美国著名营销大师德鲁·埃里克·惠特曼曾经总结过人的八大生命原力,具体如下:

- 生存、享受生活、延长寿命(生存欲);
- 享受食物(食欲);

- 免于恐惧、痛苦和危险(安全感)；
- 寻求性伴侣(性欲)；
- 追求舒适的生活条件(舒服)；
- 与人攀比(成就感)；
- 照顾和保护自己所爱的人(保护欲)；
- 获得社会认同(归属感)。

在软文或文案中通过触及人基本的欲望和需求，可以唤起消费者的情感反应，收到较好的效果。比如上文中成功的软文案例脑白金即是满足了消费者延长寿命和照顾家人的需求。

实践题

1. 为自己的项目撰写软文标题与软文内容，并选择合适的平台进行发布。
2. 收集你认为优秀的软文，并总结其成功之处。

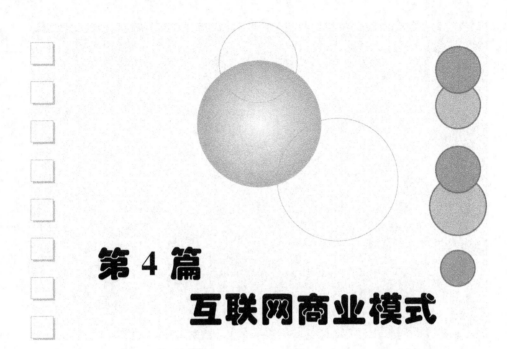

第4篇
互联网商业模式

第 15 章
互联网商业模式

互联网改变了商业生态，也创造着层出不穷的新商业模式。"社群经济""粉丝经济""共享经济""互联网生态系统"等新名词不断涌现。

15.1 互联网生态

生态分为三个层次，简单的是生态圈，复杂的是生态链，终极的是生态系统（＝生态链＋生态圈）。互联网行业生态也由生态链与生态圈构成。

15.1.1 生态圈

所谓生态圈，就是发起者为了促使企业在边际效应极低的互联网进一步发展，防范竞争对手，培育新的盈利点，通过并购、联盟、开放等形式，横向进行扩张，纵向进行深化，建立起来的一个循环商业竞争体系。生态圈和单体企业有较大区别，其着重点不在于某个项目的利润回报，而是整个体系的核心竞争力共同提升，做大规模，做深行业，但最后反映出来的仍然是更好看的财务报表。

【案例1】

在阿里巴巴生态圈中,其在将最初的 B2B 业务做大做强的基础上,适时进入 C2C 领域;进而发展软件服务业务,依托巨大的用户群和信息,向商家用户提供后台业务管理,包括通用的进销存和财务管理;打造阿里妈妈进军广告服务业。阿里巴巴还联合中国建设银行、中国工商银行向企业推出贷款产品,与银行合作设立网络银行并融合支付宝、阿里融资业务。阿里巴巴联合银泰集团、复星集团、顺丰集团、三通一达(申通、圆通、中通和韵达)及相关金融机构共同构建中国智能物流骨干网(菜鸟网络),共同打造物流体系生态圈。

15.1.2 生态链

生态链是指不同业务参与者所形成的以价值创造和价值共享为基础的经济联合体。生态链往往是基于利益连接的,在资源和经营活动上相互依赖,彼此互为各自价值增值活动中的一部分。

【案例2】

阿里巴巴生态链的构成庞大而复杂,通过推出独立的第三方支付平台支付宝,将其应用于商业服务、虚拟游戏、金融信贷等多个领域,同时阿里巴巴通过并购雅虎的搜索部门,获得了先进的搜索技术,更控制了电子商务的上游产业链。在业务合作关系(交易主体)层面,阿里巴巴 1688 平台上的中小企业主,淘宝上的中小店铺、品牌卖家,中国以及全球其他国家与阿里巴巴平台形成业务合作的批发商和制造商,都是其业务合作的主要伙伴,这些小企业或小店主自发形成无数个组织化的生态链,既有供产销式的网商之间的供应链,也有由小企业集群与专业服务商构成的利益链。

随着阿里巴巴的生态圈+生态链逐步扩展,通过构筑电子商务集团、智能物流骨干网、蚂蚁金融服务集团三大支柱,并以阿里云和大数据平台为支撑,阿里巴巴成功地打造出信息流、物流、资金流"三流合一"的产业链。

15.2 社群经济

15.2.1 社群

社群,就是在某一相同地理或者虚拟区域中,对某一兴趣爱好相互交流和分享,从陌生到熟悉,通过举行各种相关的有意义的活动召集成员共同参与,并逐渐建立彼此之间的人际关系,获得区域中的归属感以及各自之间相互的认同感,从而组成的社交群体。

社群具有三个基本特点:

一是具有共同的兴趣、利益、价值观,或者是目标、纲领,基本上能做到让属性相同的人在一起,就是社群基础。

二是具有高效率的协同工具。这也是在 PC 时代社群比较难以建立的原因,移动互联网时代像微信这样的实时交互工具,使协同变得非常容易。

三是具有一致的行动。由于前面两个原因,一致行动变得比较容易,而这个一致行动也反过来促进了社群的稳固。

15.2.2 社群经济

互联网的出现打破了时空限制,使人们既可以足不出户购买商品,又能建立在线关系网络,拥有共同兴趣或价值观的消费者通过各种应用或平台建立起了虚拟的社群。社群可以是第三方搭建,也可以是企业自建,通过网络互动,社群不断沉淀,逐步建立起相对稳固的在线消费者群。消费者的需求得到集中满足,并通过口碑传播不断扩大社群规模。企业在创造和满足消费者的新需求中,及时获得消费者的反馈,使得消费者也参与生产,实现最优化和最大化的价值聚合,这就是社群商业模式的内在逻辑。社群时代的新商业规则是,用社群去定义用户,经营社群以挖掘基于核心产品的延伸需求,完全颠覆了工业时代先定义产品,再寻找消费群,然后再经营用户的商业模式。

定位于年轻用户的小米公司,是当前中国手机市场几大巨头之一,它从成立开始就十分注重粉丝的培育和粉丝经济的经营。小米主导"发烧友"文化,以"为发烧而生"的理念和雷军的人格魅力吸引着玩机的年轻人,并且通过培育品牌文化,不断推出系列科技智能产品来强化定位人群对品牌的忠诚度。小米公司非常关注社区建设,通过在小米社区与网友的互动,进一步增强粉丝的归属感,使得原本企业单方面的营销行为变成由粉丝主导和参与的共同营销。

2014年10月27日,锤子科技官网发布降价调整信息,宣布从10月30日起将下调各版本锤子手机的价格,每款手机的降价幅度都超过了1 000元。残酷的市场面前,再有人文情怀的罗永浩也难挡销量的低迷,而从这样一款带着高价进入市场的产品不难看出,罗永浩对自己的粉丝过度自信,粉丝营销的初期轰动效应并不能解决产品的长期稳定发展问题。此外,罗永浩的明星效应并不具备领域原则性,罗永浩之所以被人们所熟知并喜爱,是因为其英文培训讲师的经历和一流的口才。而这些经历与对专业性要求很高的智能手机制造业之间却不具备领域上的匹配性,对于一个业外人士而言,贸然踏入非熟悉的领域就要承担一定的风险。罗永浩粉丝营销的失败在于其没有专注于产品的核心竞争力。

粉丝营销说到底,还是要以经济为引导,以产品为中心,才会让粉丝成为最好的营销渠道。

15.3 共享经济

共享概念早已有之。传统社会,朋友之间借书或共享一条信息、邻里之间互借东西,都是一种形式的共享。但这种共享受制于空间、关系两大要素,一方面,信息或实物的共享要受制于空间的限制,只能限于个人所能触达的空间之内;另一方面,共享需要有双方的信任关系才能达成。

2000年之后,随着互联网Web 2.0时代的到来,各种网络虚拟社区、BBS、论坛开始出现,用户在网络空间上开始向陌生人表达观点、分享信息。但网络社区以匿名为主,社区上的分享形式主要局限在信息分享或者用户提供内容,而并不涉及任何实物的交割,大多数时候也并不带来任何金钱的报酬。

2010年前后,随着Uber、Airbnb等一系列实物共享平台的出现,共享开始从纯粹的无偿分享、信息分享,走向以获得一定报酬为主要目的,基于陌生人且存在物品使用权暂时转移的"共享经济"。

美国知名商业顾问雷切尔·博茨曼认为,"共享经济"就是"协同消费",是在互联网上兴起的一种全新的商业模式。她总结了共享经济的三种形态。

第一种形态叫"产品—服务系统"(Product-Service Systems),即消费者可以和他人共同享用产品和服务,只为价值付费,而无须持有产品与服务的所有权。例如,人们将自己的私人用品——汽车、房子等在闲置时出租给其他人使用来获得额外的收入。代表形式有沙发客、Airbnb、Uber等。

第二种形态叫"市场再流通"(Redistribution Markets),指资源所有权和使用权的再分配。即二手物品交易,代表形式有免费赠送的Freecycle(美国一个闲置物品捐赠平台),或进行出售的 ebay、闲鱼和一些允许交换闲置物品的论坛。

第三种形态叫"协同式生活"(Collaborative Lifestyles),即众多有着相似需求和兴趣的人们聚集在一起分享交换一些相对隐性的资源,如时间、空间和技能,典型的有"时间银行""猪八戒网"等平台。

思考题

1. 请解释你所理解的互联网生态、社群经济和共享经济,并举例说明。
2. 除本章所列举的三种互联网商业模式外,你还能想到哪些商业模式?

参 考 文 献

[1] 毕研韬. 品牌之道[M]. 北京:中央编译出版社,2012.

[2] 博图轩,朱军华,柳亮. 互联网产品之美[M]. 北京:机械工业出版社,2013.

[3] 程虹. 网络营销[M]. 2版. 北京:北京大学出版社,2013.

[4] 陈晴光. 网络营销服务及案例分析[M]. 北京:北京大学出版社,2016.

[5] CNNIC. 第42次中国互联网络发展状况调查统计报告[R]. 2018.8.20.

[6] 戴维·阿克. 品牌相关性[M]. 北京:中国人民大学出版社,2014.

[7] 德鲁·埃里克·惠特曼. 吸金广告[M]. 焦晓菊,译. 南京:江苏人民出版社,2014.

[8] 菲利普·科特勒. 营销管理[M]. 10版. 梅汝和,等,译. 北京:中国人民大学出版社,2001:486.

[9] 冯英健. 网络营销基础与实践[M]. 北京:清华大学出版社,2016.

[10] 龚铂洋. 左手微博右手微信2.0:新媒体营销的正确姿势[M]. 北京:电子工业出版社,2017.

[11] 哈默. 新媒体写作平台策划与运营[M]. 北京:人民邮电出版社,2017.

[12] 郝志中. 用户力——需求驱动的产品、运营和商业模式[M]. 北京:机械工业出版社,2016.

[13] 汉震中. 突围新媒体运营[M]. 北京:机械工业出版社,2017.

[14] 黄聪. SEO的道与术[M]. 北京:清华大学出版社,2015.

[15] 江礼坤. 网络营销推广实战宝典[M]. 2版. 北京:电子工业出版社,2016.

[16] 李泊霆. 声浪传播——互联网+品牌新思维[M]. 广州:南方日报出版社,2015.

[17] 李海刚. 新媒体营销密码[M]. 北京:电子工业出版社,2016.

[18] 雷切尔·博茨曼,路·罗杰斯. 共享经济时代:互联网思维下的协同消费商业模式[M]. 唐朝文,译. 上海:上海交通大学出版社,2015.

[19] 马湘临. O2O新营销[M]. 上海:上海三联书店,2016.

[20] 瞿彭志. 网络营销[M]. 北京:高等教育出版社,2015.

[21] 十堰SEO.站外SEO优化包括哪些?[OL].百家号,2018-04-1111:33.http://baijiahao.baidu.com/s?id=15974189784266662488&wfr=spider&for=pc.

[22] 苏高.赢在移动端[M].北京:人民邮电出版社,2015.

[23] 田卉.重构营销生态[M].北京:知识产权出版社,2016.

[24] 徐茂权.软文营销[M].北京:电子工业出版社,2014.

[25] 杨路明,罗裕梅,陈曦,等.网络营销[M].2版.北京:机械工业出版社,2017.

[26] 喻晓马,程宇宁,喻卫东,等.互联网生态:重构商业规则[M].北京:中国人民大学出版社,2016.

[27] 昝辉.SEO实战密码:60天网站流量提高20倍[M].3版.北京:电子工业出版社,2015.

[28] 张鸿.营销策划学教程[M].广州:中山大学出版社,2016.

[29] 张健.区块链:定义未来金融与经济新格局[M].北京:机械工业出版社,2016.

[30] 赵大伟.互联网思维——独孤九剑[M].北京:机械工业出版社,2015.